日本語検定　必勝単語帳　入門編

〈目次〉

漢字を書く

◆太字になっている片仮名の部分を漢字で書きましょう。

アイズを送る。	合図	離れた相手にことがらなどを伝える手段。
クラブに**カニュウ**する。	加入	(手などを) 加える。(会や団体などに) 加わる。
それならば**イゾン**はございません。	異存	「異存はない」で、不服はないということ。
イチジツの長がある。	一日	「一日の長」で、経験や技術が少しまさっていることを言う。
これが料理の**キホン**です。	基本	「私は、基本、料理は作りません」というような副詞的な使い方は俗語的。
ショウスウ点以下は四捨五入しなさい。	小数	一よりも小さい数。
相手の気持ちを**スイサツ**する。	推察	相手の心中や事情を思いやること。
天候の悪化で登山を**ダンネン**した。	断念	あきらめること。
仕事を**ミョウネン**に持ち越す。	明年	明くる年。翌年。
そのあたり**イッタイ**をくまなく探そう。	一帯	あたり一面。
数学の問題の解き方を**ジョゲン**した。	助言	相手の役に立つことを言ってあげること。その言葉。
この問題は**サキオク**りにします。	先送	後回しにすること。後日改めて行うこと。

経理における不正を**ミヤブ**った。	見破	隠されたことを見つけ出す。
ヨソウよりはげしい雨だ。	予想	前もって考えていたこと。
来月の**ヨテイ**を出す。	予定	前もって行動や実施することを決めておくこと。
資金は**ホウフ**に準備した。	豊富	ありあまるほど豊かなこと。
先生に**カンシャ**しています。	感謝	ありがたいと思うこと。
昆虫の行動の**ヨウス**をじっくりと観察した。	様子	ありさま。状態。
免許の**ケンテイ**試験に合格した。	検定	ある基準に達しているかどうかを確かめること。
裏切り者を**ツイホウ**する。	追放	ある場所から追い払うこと。今の地位や仕事を奪うこと。
念入りに**ケンサ**する。	検査	ある基準に照らし、正、不正の有無、適、不適などを調べること。
案の**ジョウ**の結果となった。	定	「案の定」は、思ったとおり、予想していたとおりということ。
オウフクの切符を買う。	往復	行きと帰り。
タショウ、そんな性癖がある。	多少	いくらか。少しばかり。

参加することに**イギ**があるのだ。	意義	意味。値打ち。
ラーメンを**チュウモン**する。	注文	依頼すること。期待すること。
欧米の文化を**ジュヨウ**する。	受容	受け入れること。
この**ボクジョウ**は広い。	牧場	牛や羊などを育てるところ。
高原では牛が**ホウボク**されていた。	放牧	牛や羊などを山野に放し育てること。
うっかり**シツゲン**してしまった。	失言	うっかり誤ったことや不都合なことを言うこと。
その資料を**フクシャ**してください。	複写	うつしとること。
事件が**カイケツ**した。	解決	うまく処理すること。
ヘタでも練習すればよい。	下手	うまくできないこと。
議案が**サイタク**された。	採択	選びとること。案や意見を採用すること。
大学では科目を自分で**センタク**する。	選択	複数の中から選ぶこと。
円の**ハンケイ**を求めなさい。	半径	円の中心から円周までの長さ。

美しい**エンチュウ**がならんでいる。	円柱	横断面が円形をした柱。
たくさんの人の前で**エンゼツ**する。	演説	多くの人々に自分の考えを述べること。
銀行に**ヨキン**する。	預金	お金を預けること。とくに銀行などに預けること。
郵便局に**チョキン**する。	貯金	お金を蓄える。しまっておく。
北京オリンピックは**カキ**大会だ。	夏季	季節。夏季＝夏の季節。
樹齢八〇〇〇年と**スイテイ**される縄文杉《じょうもんすぎ》。	推定	推し量って結論づけること。
家庭**ホウモン**で先生がいらっしゃる。	訪問	訪れること。
すぐ怒りだすところが彼の**タンショ**だ。	短所	劣っているところ、不完全な点。
ケッテンを指摘された。	欠点	劣っているところ。不完全なところ。
水で二**バイ**にうすめる。	倍	同じ数を加えること。多くすること。
小さいころの**キオク**がよみがえってきた。	記憶	覚えていること。
恐竜は**ソウゾウ**上の動物ではない。	想像	思い描くこと。

ヤオヤさんの店先は色とりどりだ。	八百屋	おもに野菜を売る店。
ギチョウに選ばれた。	議長	会議などで議事の進行役を務める人。
数学の問題を**ト**く。	解	解決する。答えを見つける。
ケイシキ的な質問です。	形式	外見。事務を進めるための文書による手続きの形。
演奏会場が**カイジョウ**した。	開場	会場を開いて人を入れること。建物や施設が完成して開くこと。
汚名を**ヘンジョウ**する。	返上	返すこと。
恥ずかしさで**ガンメン**が真っ赤になった。	顔面	かお。
相手に圧倒され、**ガンショク**なしだった。	顔色	かおいろ。表情のこと。「顔色なし」は手も足も出ないときに使う慣用句。
カメラの**デンチ**が切れてしまった。	電池	化学反応によって電力を発生させる装置。
カンケイのない話である。	関係	かかわり。
そんなに彼を**セ**めるな。	責	過失を問い詰める。苦しめる。
彼のスタイルは**カタ**破りだ。	型	「型」は決まった形式という意味。「型破り」は形式にとらわれないということ。

作品の**ヒョウカ**が気になる。	評価	価値を判定すること。
風邪《かぜ》で**ジュギョウ**を欠席する。	授業	学校などで教えること。
チラシを**インサツ**する。	印刷	紙などに文字や絵などを刷り込むこと。
河口に**サンカクス**ができている。	三角州	河水が運搬した土砂で河口にできた三角形の土地。
カワラで石投げをして遊んだ。	河原	川沿いの原っぱ。
車の運転の**ダイコウ**をする。	代行	代わって行うことや人。
財産の**カンリ**を弁護士に委ねた。	管理	管轄し、維持、保存すること。良い状態を保つこと。
チュウモクの映画が公開される。	注目	関心を集めること。まなざしをそそぐこと。
役所の**チョウカン**を務める。	長官	官庁の長。
異常を**ケンチ**した。	検知	機械などの検査によって知ること。
ブヒンが足りない。	部品	機械などの一つの部分。
期間を**ゲンテイ**して販売する。	限定	期間、量、範囲などを一定の枠に限ること。

もっとキキカンを持たないといけない。	危機感	危険が迫っていると強く感じること。
ぽかぽかといいヨウキだ。	陽気	気候が暖かいこと。性格が明るいこと。
学校のコウドウに集合した。	講堂	儀式や講演を行うための部屋。
みんなで話し合ってキソクを作ろう。	規則	決まり。規定。
授業で先生にシツモンした。	質問	疑問点などを問いただすこと。
チーズはニュウセイヒンだ。	乳製品	牛乳からつくられるもの。
曇り空がイッテンして晴れわたった。	一転	急に様子が変わること。
ナイカク総理大臣を指名する。	内閣	行政権を担当する最高機関。
仕事をテツダう。	手伝	協力する。
作文をセイショする。	清書	きれいに書き直すこと。
そろそろホンダイに入ろう。	本題	議論や話題の中心となることがら。
運転するときには子どもにチュウイして。	注意	気をつけること。警戒すること。

制服を**シキュウ**する。	支給	金銭や物品をあてがうこと。
大阪へ**テンキン**になる。	転勤	勤務地が変わること。
ささいなことで**コウロン**になった。	口論	言葉で議論すること。口喧嘩（げんか）。
内閣は国の**ギョウセイ**を担う機関だ。	行政	国や自治体が行う政務。
パスポートの**コウフ**を受ける。	交付	国や自治体などが書類や金銭を一般の人に渡すこと。
朝の散歩はよい**シュウカン**だ。	習慣	繰り返すことによって、生活の中に定着していること。あるいは、ことがら。
学芸会の**シュヤク**に選ばれた。	主役	劇や映画の主要な配役。中心となる人。
喧嘩《けんか》して彼との仲が**ケンアク**になった。	険悪	険しくて悪い状態であること。
タバコとガンの**インガ**関係。	因果	原因と結果。
一日休んだら体温が**ヘイネツ**まで下がった。	平熱	健康なときの体温。
遺跡の**ホゾン**に努める。	保存	現在の状態のまま保つこと。
有害物質を**ケンシュツ**した。	検出	検査をして見つけ出すこと。

ビル建設の**チャッコウ**式。	着工	建設などを始めること。
講堂で先生の**コウワ**を聞いた。	講話	講義をすること。
和解するよう**カンコク**する。	勧告	こう処置すべきと（公的に）説き、勧めること。
会場は**ネッキ**に包まれた。	熱気	興奮した雰囲気。高い温度の気体。
シンキョウの変化で頭を丸める。	心境	心の状態。
これまでの**ケイカ**を報告する。	経過	過ぎること。事の始めからのいきさつ。
あとの**シマツ**をまかされた。	始末	事を処理すること。事の始めから終わりまでの経過。
ゼント多難だ。	前途	これから先。
ユウシュウの美を飾る。	有終	最期をまっとうすること。
あの人はなかなかの**キリョウ**の持ち主だ。	器量	才能、力量。顔立ちの意味もある。
裁判で**ショウゲン**する。	証言	裁判などで、見聞した事実を述べること。
鉱物資源の**ホウコ**だ。	宝庫	財宝を保管する倉。転じて、資源、人材などを生み出すところをいう。

畑に**ジョソウ**剤をまく。	除草	雑草を取り除くこと。
道には**ショウガイ**物がたくさんあった。	障害	さまたげ。邪魔になるもの（こと）。
裁判所は**シホウ**権を行使する機関だ。	司法	三権のうち、裁判にかかわること。
国会は唯一の**リッポウ**機関だ。	立法	三権の一つ。法令の制定をつかさどる機関。
見る聞くなどの**ゴカン**を働かせる。	五感	視覚、聴覚、味覚、嗅覚、触覚の五つの感覚。
それは駅の**コウナイ**にある。	構内	敷地の中。とくに公共性の高い建造物の場合に使う。
うっかりしていて**シッサク**した。	失策	しくじること。
東京へ**シュッチョウ**する。	出張	仕事でほかの地域へ行くこと。
学校の**ショクイン**室へ行った。	職員	仕事を担当している人。
身分を**ショウメイ**する。	証明	事実などに誤りがないことを明らかにする。
オリンピックで**キロク**を塗り替える。	記録	事実を書き記すこと。スポーツなどの成績、結果。
証拠から犯人を**スイリ**する。	推理	事実を検討、構成して結論を導くこと。

天文台で星を**カンソク**する。	観測	自然などの変化、推移を観察すること。
知識より**タイケン**がものを言う。	体験	実際に経験すること。
事件現場を**ケンショウ**する。	検証	実際に調べて確かめること。
チシキ偏重の教育を見直す。	知識	知っていること。知っている内容。
事の成り行きを**ミマモ**った。	見守	じっと見ていること。
電車の**モケイ**を集めている。	模型	実物に似せてつくったもの。
一週間**タイザイ**する予定です。	滞在	しばらく止（とど）まること。
すべての**サイリョウ**を部下に一任する。	裁量	自分で判断し処理すること。
それはだめだと**シュチョウ**する。	主張	自分の考えを述べること。また、考えていること。
かけっこなら**ジシン**がある。	自信	自分の能力について確信すること。
選挙で**ヒョウ**を投じてきた。	票	紙片。選挙で候補者名などを記入した紙。
時間だからそろそろ**カイサン**しよう。	解散	集団がちりぢりに分かれること。

和菓子のショクニンを志す。 職人 習得した技術を使って物をつくる人。

運動会は雨でジュンエンとなった。 順延 順に期日を延ばすこと。

関係者でカイランする。 回覧 順にまわして、見ること。

新しい環境にもうまくテキオウできた。 適応 状況の変化に合わせること。

そば屋さんがカイテンした。 開店 商店などが、新しく店を始めること。その日の仕事を始めること。

体のしくみをケンキュウする。 研究 調べ、考えてものごとの本質に迫ること。

彼のジンセイカンは独特だ。 人生観 人生に対する考え方、価値観。

川のナカスに渡る。 中州 水流で運ばれた土砂が積もり、水面上に現れている所。

だれにも優しいところは彼のビテンだ。 美点 優れている点。

だれにも優しいところは彼のチョウショだ。 長所 優れている点。

卒業が間近になってやっとシンロが決まった。 進路 進む道、方向。

リーグ戦にゼンパイした。 全敗 すべての試合に敗れること。

君の悪事は**ゼンブ**知っている。	全部	すべて。
新しい**ジュウキョ**に移る。	住居	すまい。家。
ジュウショを知らせる。	住所	住んでいるところ。
税金を国に**ノウフ**した。	納付	税金、手数料、罰金など法で定められた金銭を納めること。
地下**シゲン**には限りがある。	資源	生産の元になるもの。
製品の**キンシツ**化を図る。	均質	性質、成分などが同じであること。
オトナも子どもも楽しんだ。	大人	成人した人。一人前になった人。
ギョルイの研究をする。	魚類	脊椎（せきつい）動物に分類される魚の類。
営業経費の一部を**フタン**した。	負担	責任をせおうこと。重荷。
国会議員選挙は国民の**コウセン**で行われる。	公選	選挙管理委員会の管理の下で行われる選挙。
クラスの代表を**センシュツ**した。	選出	選挙などによって選ぶこと。
彼の**イト**を理解する。	意図	そうしようと思っていること。

自分の**ノウリョク**を発揮する。	**能力**	備わっている力。
彼は**フザイ**だった。	**不在**	その場所を空けて、いないこと。
彼女は**ルス**だった。	**留守**	家や会社などにいないこと。
子どもの頃《ころ》は**ハカセ**をめざしたものだった。	**博士**	その道に通じた人。学者。「はくし」は高い業績をあげた人に与える学位。
京都**ホウメン**に行く人はこちらです。	**方面**	その方向の地域。
タイドが悪いと怒鳴られた。	**態度**	そぶり。
この電車は全席**シテイ**です。	**指定**	それと指して定めること。
試合は一〇対〇で**タイハイ**した。	**大敗**	大差で敗れること。
数学では**ダイスウ**の問題が得意だ。	**代数**	代数学のこと。方程式など代数を使って数の性質を研究する数学の一部門。
何両も連ねた**カモツ**列車が走る。	**貨物**	財貨。列車・トラックなどで運ぶ物資。
好成績で決勝**セン**に進んだ。	**戦**	戦い。
万引きをした少年を**ホドウ**する。	**補導**	正しい方向に導くこと。

ヤガイ音楽堂で演奏会があった。	野外	建物の外。屋外。
オクガイで活動する。	屋外	建物の外。野外。
それは違うと**イロン**を唱える。	異論	他と異なる意見。
協力を**イライ**する。	依頼	頼むこと。
この問題は**ヨウイ**に解ける。	容易	たやすい。やさしい。
この問題は**カンタン**だ。	簡単	たやすい。やさしい。
石油を輸入に**イゾン**する。	依存	頼ること。
珍しい美術品が多数**コウカイ**される。	公開	だれでも見られる状態にする。
千葉県の**サンブツ**の一つに落花生がある。	産物	地域で産出されるもの。
千葉県の**ブッサン**展を開く。	物産	地域で産出されるもの。
早く**ゴサ**を修正しよう。	誤差	違い。真の値と測定値との差。
こちらが**チカミチ**だ。	近道	手っ取り早い方法。

ロケットは**タイキ**圏を脱出した。	大気	地球を包む空気全体のこと。
為替《かわせ》の動きを**チュウシ**する。	注視	注意して良く見ること。
視察団を**ハケン**する。	派遣	遣わすこと。出張させること。
誕生日は五月**ハツカ**です。	二十日	月の最初から数えて二〇番目の日。
毎月**ツイタチ**は大売り出しだ。	一日	月の最初の日。
内閣**カイゾウ**を掲げる。	改造	作りかえること。
新しい機能を**フカ**する。	付加	付け加えること。追加。
早春、**ドテ**は菜の花畑になる。	土手	土を積み上げた堤。
二試合を**レンパイ**した。	連敗	続けて敗れること。
営業**ショク**に就いた。	職	勤め、仕事。職業、職種など。
殺人**ジケン**が起こった。	事件	できごと。
稲の品種を**カイリョウ**する。	改良	手を加えて良くすること。

コンクールに作品を**シュッテン**する。	出展	展覧会などに作品を出すこと。
ストーブの燃料は**トウユ**です。	灯油	灯火や暖房用の油。
新人の俳優ながら**ドウ**に入った演技だった。	堂	堂に入るとは、物怖（ものお）じしない、堂々とした様子をいう。
ナカマに加える。	仲間	同類。友だち。一緒に同じものごとをする人。
山登りに行くには**ジキ**が悪い。	時期	時、季節。
トケイが十二時を打った。	時計	時を刻み、知らせる器械。
血液型が**テキゴウ**する血液を手配した。	適合	特定の条件に当てはまること。
センモン家を招いて歴史の話を聞く。	専門	特定の分野の研究などを担当すること。
美術館が**カイカン**した。	開館	図書館、映画館などが新しく開くこと。その日の仕事を始めること。
バツグンのできばえだ。	抜群	飛び抜けていること。
ユウジンと一緒に旅行に出かけた。	友人	友だち。
ケンサツ官を志す。	検察	取り調べて事実を明らかにすること。

古**ス**に戻って活躍する。	巣	鳥やけものなどのすみか。これは人の居場所についての比喩（ひゆ）的な用例。
本の**カイテイ**版を出版する。	改訂	内容を改めること。
この小説は**ナンカイ**だ。	難解	内容を理解したり、問題を解決したりすることが難しいこと。
ナガネン指導してきた。	長年	長い年月。
ナカヨしの友だちと一緒に図書館を出た。	仲良	仲が良いこと。良い関係にあること。
カップめんにお湯を**ソソ**いだ。	注	流し込むこと。流れ込むこと。
帰りが遅くなった**リユウ**はなんだ。	理由	なぜそうなったのかのわけ。
ドリョクがよい結果に結びついた。	努力	何かを成し遂げるために努めること。
ヒジョウ事態が発生した。	非常	日常でないこと。急に起きたこと。
イミのある人生を送りたい。	意味	値打ちのあること。
大学受験には**ガンショ**の提出が必要です。	願書	願い事を書いた文書。許可を得るため必要事項を書いて差し出す書類。
稲を**シュウカク**する。	収穫	農産物を取り入れること。成果。

入学**シケン**に合格した。 **試験** 能力や理解度を試すこと。

スイドウカンの敷設工事をしている。 **水道管** 排水するための管。

利用**リョウ**を支払う。 **料** はかる。数える。料金。

忘れ物がないか**カクニン**する。 **確認** はっきりと確かめること。

みんなで**ソウダン**していい案を決めよう。 **相談** 話し合うこと。

両国の首相が**カイダン**した。 **会談** 話し合うこと。ふつうは公的に責任のある立場の者同士の場合に使う。

漢字は**ショウリャク**して書いてはいけない。 **省略** 省く。

ハンダンは君に任せる。 **判断** 判定すること。自分の考え、意見を決めること。

タイロを断って前に進む。 **退路** 引き下がるための道、手段。

子どもたちを**インソツ**して遠足に行く。 **引率** 引き連れていくこと。

生徒を**ヒキ**いて遠足に行った。 **率** 引き連れる。導き、統率する。

船の**シンロ**を北北西に取る。 **針路** 飛行機や船が進む方向。

雨に降られて**サンザン**の休日だった。	散々	ひどくみじめなさま。
心を合わせ、**イッタイ**となってがんばろう。	一体	ひとつにまとまること。
シュザイで海外に行った。	取材	人などから情報を集めること。
友人を**シンヨウ**する。	信用	人の言うことや人がらなどを確かだと思い、それに従うこと。
他人の**ヒハン**ばかりしてはいけない。	批判	批評、評価をすること。
救急隊員が応急**ショチ**をほどこした。	処置	病気や傷の手当をすること。
お**ダイモク**を並べる。	題目	標題。名目。
日曜日に選挙の**トウヒョウ**に行く。	投票	票を投じること。
イッパンに犬は猫より大きい。	一般	広く認められていること。あたりまえのこと。
ライターで**チャッカ**する。	着火	火をつけること。
天気が悪くて**ケシキ**を見られなかった。	景色	風景。眺め。
この町の道路は**メイロ**のようだ。	迷路	複雑に入り組んで迷いやすい道。

アンピを確かめる。	安否	無事かどうか、消息などのこと。
彼の歌は**オンテイ**がおかしい。	音程	二つの音の高さの違い。
イワカンを覚えた。	違和感	ふつうと違うという感覚。ちぐはぐな気持ち。
キンセイのとれた体つきをしている。	均整	部分同士の釣り合いがとれ、全体として整っていること。
フヘイ不満が続出した。	不平	不満に思うこと。
フルートは**モッカン**楽器に分類される。	木管	木製の管楽器。現在は金属製が多い。
その土地の**キョウド**料理を食べる。	郷土	ふるさと。
子どもの人口が**ゲンショウ**している。	減少	減ること。
彼女はだれよりも**キンベン**だ。	勤勉	勉強や仕事にはげむこと。
古いペンだが、**チョウホウ**している。	重宝	便利で良く使っていること。
原則を**テキヨウ**する。	適用	法則、原理などを当てはめること。
嵐で船が**ナンパ**する。	難破	暴風などのために、船が破損すること。

この難局を乗り切るよい**ホウサク**はないか。	方策	方法、やり方。
日本国憲法は一九四六年に**コウフ**された。	公布	法律、条約などを発表し、一般に周知すること。
ダンゼンクラスのトップだ。	断然	ほかと比べてかけはなれているさま。
桜は**コウヨウジュ**だ。	広葉樹	ほかにカシ、ケヤキ、ブナなど。
万一のために**ホケン**をかける。	保険	保険金を集め、傷害や損害を補償する制度。
金を**サイクツ**する。	採掘	掘り出すこと。
コトシの目標は早起きをすること。	今年	本年。この一年。
まだ**ホンチョウシ**ではない。	本調子	本来の良い調子。
松は**シンヨウジュ**だ。	針葉樹	松、杉など針状の葉を持つ樹木。
五百メートルほど**チョクシン**すると自宅だ。	直進	まっすぐに行くこと。
発言を**カイモク**理解できない。	皆目	まったく。全然。
ゼンゼン勝てそうにない。	全然	まったく。まるで。

問題	答え	意味
シュウイを見回す。	周囲	まわり。周辺。
この服には**ボウスイ**加工がされています。	防水	水が入り込まないようにすること。
洪水で家が**シンスイ**した。	浸水	水が入り込むこと。水に浸(つ)かること。
番犬が危険を**サッチ**した。	察知	見たり、推測したりして知ること。
あの人には**シンキンカン**を覚えた。	親近感	身近に感じ、強い親しみを持つこと。
ジャングルを**タンケン**する。	探検	未知の土地などを実際に調べること。
タイドを改める。	態度	身振り、そ振りのこと。発言したり仕事をしたりするときの様子。
王政**フッコ**が宣言された。	復古	昔の状態に戻ること。
関係ない人にまで寄付を**キョウヨウ**する。	強要	無理強いをすること。
木に隠れて交通**ヒョウシキ**が見えにくい。	標識	目印。
今日は**カネン**物のごみを出す日だ。	可燃	燃やすことのできるもの。
朝早く**シュッパツ**した。	出発	目的地に向かって出かけること。

ヨウジンして学校を休んだ。
会社の**シキン**を株式で募った。
縄文《じょうもん》土器を**フクゲン**する。
まるで**ゲンシ**時代にいるかのようだ。
機械式の時計は**フクザツ**な構造だ。
最終結果が**カクテイ**した。
犯罪捜査は**ナンコウ**した。
トツゼンのできごとに驚いた。
人類発生の**キゲン**はアフリカだ。
鉄棒が**ジョウズ**だ。
センケンの明があった。
カカクの不当表示は罰せられる。

用心	もしものときのために備えること。慎重にものごとを進めること。
資金	もと、もとで。
復元	もとの形などに戻すこと。
原始	ものごとの始まり。
複雑	ものごとが入り組んでいること。
確定	ものごとが定まること。
難航	ものごとがはかどらないこと。
突然	ものごとが急に起こるさま。
起源	ものごとの始まり。
上手	ものごとのやり方がうまいこと。
先見	ものごとを予測すること。
価格	ものの価値を金銭で表したもの。

最近野菜の**ネダン**が上がった。	値段	ものの価値を金銭で表したもの。
資金の**キョウヨ**を受ける。	供与	物や資金などを提供すること。
環境については**ショ**問題が山積みしている。	諸	もろもろ。諸問題＝いろいろな問題。
いつも図書**カン**に行くことにしている。	館	やかた、役所や学校などの建物。
算数の問題は**カンタン**だった。	簡単	やさしい。容易。
シャツの**カタガミ**を切りぬく。	型紙	洋服などの型を切り抜いた紙。
なんとも**ケイソツ**なやつだ。	軽率	良く考えない様子。軽はずみなこと。
自動車の**ソクメン**図を描く。	側面	横から見た面。一つの面。
彼女はイギリスに**リュウガク**した。	留学	よその土地に行って勉学する。
仕事で**ガイシュツ**する。	外出	よそへ出かけること。
フリな条件だったが勝つことができた。	不利	利益がないこと。良い条件でないこと。
ギョセンが停泊している。	漁船	漁をする船。漁は魚をとること。

旅行の思い出を**キコウブン**にまとめる。	紀行文	旅行中のできごとや、見聞きしたことなどをまとめた文章。
キゲン前《ぜん》の出来事のようだ。	紀元	歴史で、年を数えるときに基準となる年。
問題を**テイキ**する。	提起	話題や課題などを持ち出すこと。
二度としません。**カイシン**して励みます。	改心	悪い行動を反省して心を改めること。
物事を行うには**ケイケン**が重要です。	経験	以前にしたことがあること。
不通になった鉄道がやっと**フッキュウ**した。	復旧	以前の状態に戻すこと。
怪獣は、大阪から東京に向かって**イドウ**中だ。	移動	位置を変えること。
議会での**ハツゲン**は時間内にお願いします。	発言	意見を言うこと。
自分のことは**コウゲン**しないほうがよい。	公言	意見を公にすること。
野球に**ボットウ**する。	没頭	一つのことに心を注ぐ。
ゲンインを究明する。	原因	引き金になったこと。
国家の**コウボウ**の激しい時代。	興亡	栄えることと衰えること。興廃、栄枯、盛衰は類義語。

祖母の家には現在も**ドマ**がある。	**土間**	屋内で床板がなく、地面のままか三和土（たたき）にしてあるところ。
番組で音楽の**セイサク**を担当している。	**制作**	音楽や絵画などをつくること。
会談を実現するために**クシン**している。	**苦心**	何かを成し遂げるために心を悩ます。
母親はママさんコーラスに**サンカ**している。	**参加**	加わって一緒に活動すること。
この地方は**ボクチク**がさかんだ。	**牧畜**	家畜を飼育して繁殖させる仕事。
ウンソウ業を始めた。	**運送**	荷物を運ぶ。
ウンパンの手段を検討する。	**運搬**	荷物を運ぶ。
コンテナで**ユソウ**する。	**輸送**	荷物を運ぶ。
カコにこだわるな。	**過去**	過ぎたこと。
夏になると**ガイユウ**する議員が多くなる。	**外遊**	外国へ旅行すること。
軽々しい番組が与える**ガイアク**は大きい。	**害悪**	害となる悪いこと。
新しい分野に**サンニュウ**する。	**参入**	割って入ること。

著作権使用の許諾**シンセイ**。	**申請**	官庁などの機関に許可や認可の願いを出すこと。
特許を**シュツガン**する。	**出願**	官庁などの機関に願いを出すこと。
カンケイシャ以外の入室はお断りします。	**関係者**	関（かか）わりのある人。間柄。
大気汚染は国境を越えた**コウガイ**問題だ。	**公害**	企業活動によって広範囲にわたって生じる害。
旅の**ブジ**を祈る。	**無事**	危険なことや悪いことが起こらない状態。
航海の**アンゼン**を祈る。	**安全**	危険なことや悪いことが起こらない状態。
電気**キキ**をそろえる。	**機器**	器械、機械、道具を含んだ意味合いの語。器機とも。
自転車は左側通行が**ゲンソク**だ。	**原則**	基本的な規則。
会社によらずに得意先へ**チョッコウ**します。	**直行**	寄り道せずに直接行くこと。
スペースシャトルが地球に**キカン**する。	**帰還**	帰ってくること。
先行きが**シンパイ**だ。	**心配**	気がかりで思いわずらうこと。
公園を**サンサク**する。	**散策**	気の向くままにぶらぶらと歩くこと。

毎日、**サンポ**を楽しんでいる。	**散歩**	気の向くままにぶらぶらと歩くこと。
ココチよい響きの音楽。	**心地**	気分。心中。
公園で野球をすることは**キンシ**されている。	**禁止**	規則などでしてはいけないと止めること。
授業料を**メンジョ**する。	**免除**	義務などを許して除くこと。
万事遺漏なく**セッキャク**してください。	**接客**	客をもてなすこと。
チン上げを会社に要求した。	**賃**	給金。賃金、賃料など。
海が荒れて**リョウ**に出られない。	**漁**	魚を捕ること。漁業、漁師など。
一方的な**セッキョウ**は反発を招く。	**説教**	教え諭して戒めること。
鮎《あゆ》釣りが**カイキン**される。	**解禁**	禁止命令などを解く。
上京することを**ケツイ**した。	**決意**	決心すること。
十和田湖《とわだこ》は**ケンナイ**有数の観光地だ。	**県内**	県の中。
十和田湖は**ケンカ**有数の観光地だ。	**県下**	県の中。

デンゴン板に書いて帰ってきた。	伝言	言伝（ことづ）て。人に頼んで用件を伝えてもらう。
そんなシャクメイでは納得できない。	釈明	言動の真意や事情を説明し、相手の了解を得ようとすること。
ベンメイに努める。	弁明	言動の真意や事情を説明すること。
親族をダイヒョウして父親が挨拶《あいさつ》をする。	代表	個人や集団がグループ全体に成り代わること。
シンネンを持ってやり遂げる。	信念	固く信じて動かないこと。
京都議定書がやっとハッコウした。	発効	効力が生じること。
彼にコウイを寄せる。	好意	好感をいだく。
この会社ではテレビをセイゾウしている。	製造	工業製品などをつくること。
タイヨウに船をこぎ出す。	大洋	広々とした大きな海。
タイカイに船をこぎ出す。	大海	広々とした大きな海。
ガイヨウを航海する大型船。	外洋	広々とした大きな海。外海。
他国の侵略から国をボウエイする。	防衛	攻撃を防ぎ守ること。

彼の**ヘンシン**でふり出しに戻った。	変心	考え、決心を変えること。
小説を**コウソウ**するのに三年を要した。	構想	考えを組み立てること。
遠足の**ジュンビ**をする。	準備	行う前に必要なものをそろえたりすること。
食事の**ヨウイ**をする。	用意	行う前に必要なものをそろえておくこと。
道路を自動車が**オウライ**する。	往来	行き来する。往復する。
マラソンを続ける**モクテキ**は何ですか。	目的	行動を起こすときに目指すこと。
日本は**ヤクニン**の天国だ。	役人	国などの公務に従事する人。
タンジュンな構造の建物。	単純	込み入っていない。
ケサは暖かく、一段と春めいてきたようだ。	今朝	今日の朝。
雨が降ったので、**ヘヤ**でゲームを楽しんだ。	部屋	座敷。間。室。
コピー用紙は**サイセイ**紙を利用している。	再生	再び生じること。
結果を**ミトド**けてから家路に就いた。	見届	最後まで確かめる。

ニュウネンな準備が行われた。	**入念**	細部まで注意が払われていること。
県内でも**ユウスウ**の進学校だ。	**有数**	際立っていること。
時計は複雑な**コウゾウ**をしている。	**構造**	材料を組み立てて一つのものにすること。
雑誌の**シメン**を華やかな写真で飾った。	**誌面**	雑誌のページの面。
赤信号で自動車が**テイシ**した。	**停止**	止まること。
説明に**ガテン**がいった。	**合点**	事情や説明などを了解すること。
ようやく**ナットク**してもらった。	**納得**	事情や説明などを了解すること。
店は駅前から郊外に**イテン**しました。	**移転**	事務所などの所在地が変わること。
問題を**テイキ**する。	**提起**	問題や案を出すこと。
宇宙は**エイエン**である。	**永遠**	時間を超越し、極まりのないこと。
エイキュウの平和を祈る。	**永久**	時間を超越し、極まりのないこと。
山道の途中で**シミズ**がわき出ていた。	**清水**	自然にわき出したきれいな水。

彼はさかんに**ベンカイ**した。	**弁解**	自分の過ちや言動を正当化しようとすること。言いわけ。
民族**ジケツ**をスローガンに掲げる。	**自決**	自分のことは自分で決めること。
昨日、葬式に**サンレツ**してきた。	**参列**	式などに出席すること。
ヘンサイの期限が迫る。	**返済**	借りているお金や物を返すこと。
主君が**ケライ**に褒美を与えた。	**家来**	主君に仕える人。
シンカとしての礼を尽くす。	**臣下**	主君に仕える人。
カシンを城に集めた。	**家臣**	主君に仕える人。
世界環境会議は行動目標を**センゲン**した。	**宣言**	主張、方針などを外部に表明すること。
雨で試合が**チュウシ**になった。	**中止**	取りやめること。
最善の**シュダン**を考える。	**手段**	手立て。やり方。
この**ホウホウ**がよいだろう。	**方法**	手立て。やり方。
ジュンジ処理していきます。	**順次**	順を追って行っていくこと。

チラシを**サクセイ**した。	**作成**	書類などをつくる。
賛成した人は**ショウスウ**だった。	**少数**	少ない数。わずかな数。
社長に新製品の構想を**シンゲン**した。	**進言**	上位者に意見を述べること。
中学校から高校へ**シンガク**した。	**進学**	上級の学校へ進むこと。
親にお金を**ムシン**する。	**無心**	情趣を解する心がないこと。無邪気なこと。金や物をねだること。
彼の努力で**ジョウキョウ**が好転した。	**状況**	状態。現在のありさま。
盗賊に**ネコ**みを襲われた。	**寝込**	寝ている最中。
自転車で高原を走ると**カイカン**だ。	**快感**	心がすきっとする感じ。
よくバイオリンの練習をして**カンシン**だ。	**感心**	心に深く感じること。他者を褒めるときに使う。
彼の**シンチュウ**は計り知れない。	**心中**	心の中の様子。
失敗を繰り返す彼には**シンソコ**がっかりだ。	**心底**	心の底から。
お会いしてすぐお別れだなんて**ザンネン**だ。	**残念**	心残りがするの意。

就職して親を**アンシン**させたい。
安心　心配事がなく落ち着いている様子。

その店は関東に広く**シンシュツ**している。
進出　新しい分野に進み出ていくこと。

その事件の記事で**シメン**が埋まった。
紙面　新聞のページの面。

会議は堂々巡りで少しも**シンテン**しない。
進展　進み広がること。

りんごやみかんは**クダモノ**だ。
果物　木や草につく食用の果実。水菓子。

シュッセしたが、汚職で逮捕された。
出世　世の中に出て高い地位や身分になること。

ただいま新システムへ**イコウ**中です。
移行　制度などが移っていくこと。

起死**カイセイ**のホームランを打った。
回生　生き返ること。

敗者**フッカツ**戦に望みをつないだ。
復活　生き返ること。

イナゴの大群が**ハッセイ**した。
発生　生じること。

セッカイ岩は堆積《たいせき》岩の一種だ。
石灰　生物の遺骸（いがい）からなる主に炭酸カルシウムでできた堆積岩。

遠野《とおの》地方の**セツワ**に河童《かっぱ》のことが出てくる。
説話　昔から語り継がれている話。

入社したころを懐かしく**カイソウ**した。
回想
昔のことを思い出すこと。

今日の試合は雨で**エンキ**になった。
延期
先に延ばすこと。

お客様を応接間に**アンナイ**してください。
案内
先に立って導くこと。

センニュウカンにとらわれる。
先入観
前もってつくられた思い込みの観念。

センニュウシュを捨てなさい。
先入主
前もってつくられた思い込みの観念。

実験の**ジュンビ**をする。
準備
前もって必要なことや物を整えておくこと。

保護者への**オウタイ**は気疲れする。
応対
相手と受け答えすること。

開幕から**ムテキ**の連勝を飾った。
無敵
相手になるものがいないほど強い。

ライバルに**テキイ**をむき出しにする。
敵意
相手に勝とうとする気持ち。

正直な態度で人に**コウカン**を与える。
好感
相手を好ましいと感じる気持ち。

意見が合わず彼に**テキタイ**する。
敵対
相手を敵視すること。

傲慢《ごうまん》な態度で、人から**ハンカン**を買う。
反感
相手を不愉快に思う気持ち。

秋になると食欲が**ゾウシン**する。	増進	増し進めること。
医者不足で病院の**ソンリツ**が危ぶまれる。	存立	存在して自立すること。
学生時代の先生を**ケイアイ**する。	敬愛	尊敬し親しみを感じること。
株が暴落して大変な**ソンガイ**をこうむった。	損害	損失。不利益を受けること。
極秘の情報だから**タゴン**無用だ。	他言	他人に話すこと。「他言無用」で人に話してはいけないという意味。
デモが**タイレツ**を組んで行進している。	隊列	多数で組んだ列。
会社の社員総会の**ソウダイ**を務める。	総代	代表。
タイヨウの光があまねく照らす。	太陽	地球が公転する恒星。日輪。
チカに保存する。	地下	地面の下。地面の中。
埋蔵金を**チチュウ**から掘り出した。	地中	地面の下。地面の中。
アンケートで人の好みを**チョウサ**する。	調査	明らかにするために調べること。
「〇対〇」で試合は**エンチョウ**戦に入った。	延長	長引いたり、延ばしたりすること。

私鉄との間に**チョクツウ**電車が運行する。　直通　直接つながること。

我がチームは**イッパイ**地にまみれた。　一敗　「一敗地にまみれる」で、徹底的に負けること。

家を建てるときに**ホウガク**を気にする。　方角　東西南北の方位。向き。

会社で**ロウドウ**組合に加入した。　労働　働くこと。

地震に備え、本箱を**コテイ**しよう。　固定　動かないようにすること。

学校での奉仕**カツドウ**。　活動　動くこと。仕事などをすること。

この絵は**フクセイ**したものだ。　複製　同じものをまねて作ること。

物価高で**シュウニュウ**が目減りしている。　収入　得て自分のものとなること。

物価高で**ショトク**が目減りしている。　所得　得て自分のものとなること。

ナンカイな哲学の本は敬遠されがちだ。　難解　難しくて理解しにくいこと。

猛スピードで交差点に**シンニュウ**した。　進入　入ること。

総裁就任には国会の**ショウニン**が必要だ。　承認　認めること。

ぬるかったのでお風呂のお湯を**カネツ**した。	加熱	熱を加えること。
この山荘から見る山の**ケシキ**は雄大だ。	景色	風景。景色のときだけ「景」は「け」と読みます。
山の高さを**ソクテイ**する。	測定	物の長さなどを測ること。
武器を**テイキョウ**する。	提供	物や利益を人に与えること。
科学の**シンポ**が著しい。	進歩	物事が良い方向に進んでいくこと。
問題の**カクシン**をついた意見だ。	核心	物事の中心。話題の論点。
自由研究の**シュダイ**を決める。	主題	文書やレポートのテーマ。作品で作者が言おうとしていること。
そのデザインは色の**ハイレツ**が素晴らしい。	配列	並べること。
ラーメン店に長い**ギョウレツ**ができていた。	行列	並んでつくった列。
温度の**ヘンカ**を調べる。	変化	変わる。変える。
起きて寝てという**タンチョウ**な生活。	単調	変化に乏しい様子。
父は学生のころ**キンベン**だったそうだ。	勤勉	勉強などに励むこと。

犯罪**ボウシ**のために街灯を設置する。	防止	防ぎ止める。
法廷では弁護士が被告の**ダイベン**をする。	代弁	本人の意見を他の人が代わって述べること。
百年後の**ヨゲン**なんてできない。	予言	未来を予想して言うこと。
僕は**ネツ**きが悪い。	寝付	眠りに入ること。
できもしないことを**ホウゲン**するな。	放言	無責任に意見を言い散らすこと。
紛争に**カイニュウ**する。	介入	無理に他人に立ち入って関（かか）わること。
テストでは満点を**モクヒョウ**にがんばるぞ。	目標	目的を達成するための目当て。
念願を**タッセイ**するまでがんばろう。	達成	目標をかなえること。
霞《かすみ》ケ《が》関《せき》は日本の**カンチョウ**街だ。	官庁	役所。
トモダチとゲームをして楽しんだ。	友達	友人。「達」は普通「タチ」「ダチ」とは読みません。
バンメシの用意をする。	晩飯	夕方にとる食事。
ユウショクの用意をする。	夕食	夕方にとる食事。

ユウハンの用意をする。	夕飯	夕方にとる食事。
劇は三つの部分から**コウセイ**されている。	構成	要素を組み立てて一つのものにすること。
病気の峠も越えて症状は**アンテイ**している。	安定	落ち着いていること。
シンゴウを送る。	信号	離れた相手にことがらなどを伝える手段。
勉強したので成績が**コウジョウ**した。	向上	良い状態になること。
パソコンを兄と**キョウドウ**で使う。	共同	二人以上が一緒に行うこと。
キョウドウで仕事をする。	協同	力を合わせ、助け合って行うこと。
突き当たって謝らないのは**シツレイ**だろう。	失礼	礼儀を欠く、礼儀をわきまえないこと。
突き当たって謝らないのは**ブレイ**だろう。	無礼	礼儀を欠く、礼儀をわきまえないこと。
渡航をやめるように**セットク**した。	説得	話し聞かせて納得させること。
すぐれた**ギリョウ**を持っている。	技量	腕前、手並みのこと。
レンガを**ツ**み上げる。	積	上に重ねること。

ムツキは旧暦一月の異称だ。
睦月
現在は新暦一月の異称としても使う。「睦(むつ)び月」ともいう。

キサラギは旧暦二月の異称だ。
如月
現在は新暦二月の異称としても使う。「衣更着」「更衣」とも書く。

ヤヨイは旧暦三月の異称だ。
弥生
現在は新暦三月の異称としても使う。

ウヅキは旧暦四月の異称だ。
卯月
現在は新暦四月の異称としても使う。「卯(う)の花月」ともいう。

サツキは旧暦五月の異称だ。
五月
現在は新暦五月の異称としても使う。「皐月」とも書く。「早苗月」ともいう。

ミナヅキは旧暦六月の異称だ。
水無月
現在は新暦六月の異称としても使う。「六月」とも書く。

フミヅキは旧暦七月の異称だ。
文月
現在は新暦七月の異称としても使う。「ふづき」とも読む。

ハヅキは旧暦八月の異称だ。
葉月
現在は新暦八月の異称としても使う。「八月」とも書く。

ナガツキは旧暦九月の異称だ。
長月
現在は新暦九月の異称としても使う。「ながづき」とも読む。「菊月」ともいう。

カミナヅキは旧暦十月の異称だ。
神無月
現在は新暦十月の異称としても使う。「かんなづき」「かむなづき」とも読む。

シモツキは旧暦十一月の異称だ。
霜月
現在は新暦十一月の異称としても使う。

シワスは旧暦十二月の異称だ。
師走
現在は新暦十二月の異称としても使う。「極月(ごくげつ)」「臘月(ろうげつ)」とも。

十二支の第一番目はネだ。

子

鼠（ねずみ）のこと。古時刻で午後十一時から午前一時。北の方角。

十二支の第二番目はウシだ。

丑

牛のこと。古時刻で午前一時から午前三時。北から東へ三十度の方角。

十二支の第三番目はトラだ。

寅

虎のこと。古時刻で午前三時から午前五時。東から北へ三十度の方角。

十二支の第四番目はウだ。

卯

兎（うさぎ）のこと。古時刻で午前五時から午前七時。東の方角。

十二支の第五番目はタツだ。

辰

竜のこと。古時刻で午前七時から午前九時。東から南へ三十度の方角。

十二支の第六番目はミだ。

巳

蛇のこと。古時刻で午前九時から午前十一時。南から東へ三十度の方角。

十二支の第七番目はウマだ。

午

馬のこと。古時刻で午前十一時から午後一時。南の方角。

十二支の第八番目はヒツジだ。

未

羊のこと。古時刻で午後一時から午後三時。南から西へ三十度の方角。

十二支の第九番目はサルだ。

申

猿のこと。古時刻で午後三時から午後五時。西から南へ三十度の方角。

十二支の第十番目はトリだ。

酉

鶏のこと。古時刻で午後五時から午後七時。西の方角。

十二支の第十一番目はイヌだ。

戌

犬のこと。古時刻で午後七時から午後九時。西から北へ三十度の方角。

十二支の第十二番目はイだ。

亥

猪（いのしし）のこと。古時刻で午後九時から午後十一時。北から西へ三十度の方角。

漢字を書く〈同音異字〉

◆太字になっている片仮名の部分を漢字で書きましょう。

彼とは**アイショウ**がいい。	相性／合性	性格が合うこと。
キャラクターの**アイショウ**を募集する。	愛称	ニックネーム。
みんなの**アイショウ**歌です。	愛唱	好んで歌うこと。
アクセイの腫瘍《しゅよう》ができてしまった。	悪性	性質が悪いこと。
代官の**アクセイ**になやまされた。	悪政	人々を苦しめる政治。
アクセイなのでカラオケは苦手です。	悪声	悪い声。
病状が**アッカ**した。	悪化	状態が悪くなること。
アッカは良貨を駆逐する。	悪貨	質の悪い貨幣。
軍部の**アッセイ**が人々を苦しめた。	圧制	力ずくで押さえつけること。
皇帝ネロの**アッセイ**に苦しめられた。	圧政	権力で人々を押さえつける政治。
クラスで衛生**イイン**に選ばれた。	委員	集団の成員の中から特定の仕事をするためにとくに選ばれた人。
昔から病気を診てもらっている**イイン**がある。	医院	個人の医者が営む小規模な診療所。

関係者**イガイ**の人はどいてください。	**以外**	ほかのもの。ある条件や範囲に当てはまらないこと。
イガイに簡単な問題だった。	**意外**	予想していたことと実際のことが違っていること。
業務を市に**イカン**した。	**移管**	担当を変更すること。
まことに**イカン**に思います。	**遺憾**	残念に思うこと。
高層ビル群が**イカン**を誇っている。	**偉観**	素晴らしい眺めのこと。
よそでは見られない**イカン**を呈している。	**異観**	珍しい景色。
平安貴族は**イカン**束帯《そくたい》が正装だ。	**衣冠**	衣と冠。
参加することに**イギ**があるのだ。	**意義**	意味。値打ち。
結論に**イギ**を唱えた。	**異議**	異なった意見や考え、意味。
年上の人の前では**イギ**を正した方がよい。	**威儀**	重々しく形式にかなった服装や態度。
三冠王の**イギョウ**を成しとげた。	**偉業**	偉大な業績。
亡き父の**イギョウ**を引き継いだ。	**遺業**	故人が残した事業。

イギョウのいでたちが人目を引いた。	**異形**	普通とは違った、あやしい姿。
彼の家は代々**イギョウ**に携わっている。	**医業**	医者という職業のこと。
イケンのある人は発言してください。	**意見**	自分の考え、主張。
君の主張については**イケン**がある。	**異見**	異なった意見や考え。
裁判所で**イケン**判決が下りた。	**違憲**	憲法に反していること。
古代ローマの**イコウ**を見学した。	**遺構**	残存する古い建造物。
まずあなたのご**イコウ**をうかがいます。	**意向**	思惑。考えていること。
議員バッジの**イコウ**だ。	**威光**	おかしがたい威厳。
明日**イコウ**に持ち越しとなった。	**以降**	ある時より後。
新年度への**イコウ**は順調だった。	**移行**	状態や体制が移ること。
この数値を右辺に**イコウ**すればよい。	**移項**	等式または不等式で、ある項を反対の辺に移すこと。
ひときわ**イサイ**を放っていた。	**異彩**	ほかとは異なった趣。

ピカソは天才であり**イサイ**である。	異才	優れた才能。
イサイかまわず突き進む。	委細	こまごましたことがら。
イサン過多なので薬を手放せない。	胃酸	胃液に含まれる酸。
世界文化**イサン**に登録された。	遺産	残された財産。
強い**イシ**を持ち続ける。	意志	何かを成し遂げようとする気持ち。
イシの疎通を欠いてしまった。	意思	考え、思い。
父の**イシ**を継いで教師となった。	遺志	生前に明らかにされた死者の思いや願い。
彼女は小児科の**イシ**として働いている。	医師	医者。
ぼくにも**イジ**がある。	意地	自分の考えを通そうとするこころ。
交通事故の**イジ**への支援を行う。	遺児	親が亡くなり、残された子ども。
なんとか現状を**イジ**できた。	維持	ある状態をそのまま保つこと。
彼女は**イショウ**持ちといわれている。	衣装	衣服。とくに舞台で着るような衣服。

彼はいろいろな**イショウ**で呼ばれている。	**異称**	別の名前。
イジョウで話は終わりだ。	**以上**	それまでに述べたり、書いたりしたこと。ある水準を超えていること。
イジョウ事態で大騒ぎとなる。	**異常**	普通ではないこと。
胃に**イジョウ**が発見された。	**異状**	普通ではない悪い状態。
サティは**イショク**の作曲家だ。	**異色**	ほかとは変わった特色。
設計を高名な建築家に**イショク**した。	**委嘱／依嘱**	仕事や研究などを依頼すること。
心臓の**イショク**手術を受けた。	**移植**	移し変えること。
昔から**イショク**足りて礼節を知るという。	**衣食**	着ることと食べること。日々の暮らし。
イセイのいい掛け声がする。	**威勢**	勢いが良いこと。
イセイに関心を持つ年ごろだ。	**異性**	自分とは反対の性。異なる性質。
封建時代の**イセイ**だ。	**遺制**	現在に残っている昔の制度。
イセイを名乗ったので気付かなかった。	**異姓**	違う姓。

資源の大半は外国に**イゾン**している。	依存	「いそん」とも読む。
提案に**イゾン**はない。	異存	「異存はない」で「不服はない」。
彼は支社に**イドウ**することになった。	異動	地位や職務が変わること。
両案の**イドウ**を検討しよう。	異同	異なることと同じことという意味から、相違。
次の観光スポットに**イドウ**しよう。	移動	場所や位置を変えること。
スイスは**エイセイ**中立国だ。	永世	永久。いつまでも続くこと。
人工**エイセイ**の打ち上げに成功した。	衛星	惑星の周囲を周回する天体。地球に対する月。
エイセイ状態の向上に努める。	衛生	健康を保つように努めること。
革命で**オウセイ**が廃止された。	王制	王が国を統治する政治制度。
オウセイの復古が宣言された。	王政	王によって政治が行われること。
明治時代は文明**カイカ**の時代でもあった。	開化	文化が開けること。
桜が**カイカ**した。	開花	花が開くこと。

カイカでへんな物音がした。 **階下** 下の階。

試験のカイトウ用紙。 **解答** 問題を解いて答える。

アンケートにカイトウする。 **回答** 問い合わせに答える。

冷凍食品をカイトウする。 **解凍** 凍っているものを溶かすこと。

商工会議所のカイトウに就任した。 **会頭** 会長。

松坂のカイトウでレッドソックスが勝った。 **快投** 野球で、すばらしい投球。

軒先にガイトウがあった。 **外灯** 野外の電灯。

ガイトウ演説を聞く。 **街頭** 街角。街の路上。

ガイトウ者はいなかった。 **該当** 当てはまること。

庭園を一般にカイホウする。 **開放** 開け放つこと。出入りを自由にすること。

人質をカイホウする。 **解放** 自由を制限しているものを取り除いて自由にする。

この問題のカイホウを教えてください。 **解法** 問題の解き方。

さいわい病気は**カイホウ**に向かっています。	快方	病気や傷が良くなること。
具合が悪くなった人を**カイホウ**した。	介抱	世話をすること。
今月の**カイホウ**ができあがった。	会報	会の活動などをまとめた印刷物。
成功の**カクリツ**の高い方法を選ぶ。	確率	あることがらが起こる可能性。
今後の方針を**カクリツ**する。	確立	しっかりと打ち立てること。
化学的に処理した肥料が**カセイ**肥料だ。	化成	化学的に合成してつくるもの。
暗い所で本を読むと**カセイ**近視になる。	仮性	原因は違うが同じ症状を見せること。
負けそうになったので**カセイ**を求めた。	加勢	助けること。助勢。
いくつかの条件を**カテイ**してみた。	仮定	仮におくこと。想定されること。
結果よりも**カテイ**が大切なこともある。	過程	ものごとが進行する経緯。
大学の博士**カテイ**を終えて博士号を得た。	課程	一定期間に割り当てられる学習の順序や内容。
フライパンを**カネツ**する。	加熱	熱を加える。

サッカーの試合に観客が**カネツ**する。 **過熱** 熱中の程度が過ぎること。

砂漠周辺は常時**カンガイ**に見舞われる。 **干害** 日照りによる農作物の不作の害。

この実った稲穂を見ると**カンガイ**無量だ。 **感慨** 身にしみて感じること。

カンガイ設備の整備が必要だ。 **灌漑** 水を引いて土地に水分を与えること。

地中海は夏が**カンキ**だ。 **乾季／乾期** 雨の少ない季節。

冬の**カンキ**がやってきた。 **寒気** 寒さ。冷たい空気。

注意を**カンキ**する。 **喚起** 注意や自覚を呼び起こさせること。

部屋を**カンキ**する。 **換気** 空気を入れ換えること。

カンキの涙を流す。 **歓喜** 非常に喜ぶこと。

雑誌を**カンコウ**する。 **刊行** 発行すること。

ビルが**カンコウ**した。 **完工** 建物などが完成すること。

フィルムが**カンコウ**する。 **感光** 光やX線の影響で変化すること。

その土地の**カンコウ**に従う。	慣行	ならわし。
思い切ってエベレスト登山を**カンコウ**する。	敢行	押し切って実行すること。
カンコウ旅行に出かける。	観光	景色や名所などを見て回ること。
カンコウ庁に出向く。	官公	国と地方公共団体。
中国には**カンサツ**御使《ぎょし》という役職があった。	監察	視察して監督すること。
朝顔の生長の様子を**カンサツ**する。	観察	理解するためにものごとを詳しく見ること。
同窓会の**カンジ**を引き受ける。	幹事	世話役。
会社の**カンジ**をしている。	監事	法人、団体の運営・経理を調べること、あるいは事務を受け持つ機関や人。
武力による**カンショウ**は許さない。	干渉	他国の内政に介入すること。他人に口出しすること。
失恋し**カンショウ**にひたる。	感傷	感じて心を痛めること。
草花を**カンショウ**する。	観賞	植物や景色を味わうこと。
ライバルチームに**カンショウ**する。	完勝	危なげなく勝つこと。完全な勝利。

絵画を**カンショウ**する。	**鑑賞**	絵画、音楽など芸術作品を味わうこと。
小さいのに**カンシン**な子だ。	**感心**	心を動かされること。
世の中の**カンシン**が集まっている。	**関心**	興味を持っていること。
なんとかして**カンシン**を買おうと努めた。	**歓心**	うれしいと思う心。
興奮した群集が**カンセイ**をあげた。	**喚声**	わめき声。大きな叫び声。
勝利者は**カンセイ**に迎えられた。	**歓声**	喜びのあまりにあげられる叫び声。
センサーが煙を**カンチ**した。	**感知**	感じ取ること。
この問題には**カンチ**しない。	**関知**	関（かか）わっていること。知っていること。
彼は**カンリ**になることを目指している。	**官吏**	役人。国の機関で働く人。
水源林を**カンリ**する。	**管理**	ものごとを取り締まること。良い状態を保つように努めること。
キカイ体操の演技を見せる。	**器械**	比較的小型の機器、器具。
皆が集まる良い**キカイ**だ。	**機会**	チャンス。ものごとを行うのに好都合であること。

工作**キカイ**を据え付けた。	**機械**	比較的大型の機器、器具。単純に、型どおりに動く様子。
感覚**キカン**がまひする。	**器官**	ある働きを受け持ち、生物を構成している部分。
国会は立法**キカン**である。	**機関**	ある働きをする装置、組織。
自動車は日本の**キカン**産業だ。	**基幹**	中心となるもの。
無事に**キカン**した。	**帰還**	無事に戻ってくること。
祭りの**キカン**、自動車は通行止めです。	**期間**	一定の時期。
年四回発行する**キカン**雑誌です。	**季刊**	四季ごとに発行すること。
提出の**キゲン**は守りなさい。	**期限**	前もって決められた日時、期間のこと。
この土器は**キゲン**前のものだ。	**紀元**	歴史上で年を数えるときの基準。
地名の**キゲン**を調べる。	**起原**	ものごとの始まり、そもそもの由来のこと。「起源」とも書く。
航海の途中でインドの港に**キコウ**した。	**寄港**	途中の港に寄ること。
漁を終えた漁船が**キコウ**した。	**帰港**	出発した港に帰ってくること。

すごしやすい**キコウ**になってきた。	気候	長期にわたる気象の様子。
彼には**キコウ**が多い。	奇行	変わったふるまい。
子どもが**キセイ**を上げた。	奇声	奇妙な声。
虫が宿主に**キセイ**する。	寄生	生物が他の生物にとりついて生存すること。他人に頼って暮らすこと。
それは**キセイ**の事実になっている。	既成	すでに成立している。
故郷に**キセイ**する。	帰省	一時的にふるさとに帰ること。
交通**キセイ**が解除された。	規制	制限を加えること。
キセイ服を買う。	既製	特注ではなくすでにできている。
キョウイ的な成長をとげる。	驚異	驚くべきこと。
キョウイを測ったら八五センチだった。	胸囲	胸の周囲。
増大する軍事力は世界の**キョウイ**だ。	脅威	脅かすこと。
ヒットエンドランの**キョウコウ**策に出た。	強攻	多少の不利があっても積極的に攻めること。

キョウコウな態度をくずさない。	強硬	意志が強く強引なさま。
軍曹は作戦を**キョウコウ**した。	強行	反対を押し切り行動すること。
きびしい生存**キョウソウ**がある。	競争	競い合うこと。競り合い。
グラウンドのはしまで**キョウソウ**だ。	競走	走る速さを競うこと。
地域を**キョクゲン**せざるを得ない。	局限	一部の範囲に限ること。
キョクゲンすれば、それは無価値だ。	極言	極端な言い方。
体力の**キョクゲン**まで頑張る。	極限	ぎりぎりのところ。
ヒエログリフは**ケイショウ**文字だ。	形象	かたち。すがた。
手紙では人の**ケイショウ**を間違えるな。	敬称	敬意を表す呼称。
ケイショウ地の松島を観光する。	景勝	美しい景色。
匠《たくみ》の技を**ケイショウ**する。	継承	受け継ぐこと。
先生の話を**ケイチョウ**する。	傾聴	真剣に聞くこと。

ケイチョウ用の礼服。	慶弔	祝いと弔（とむら）い。
鼎《かなえ》の**ケイチョウ**を問う。	軽重	軽いことと重いこと。
ケガをしていたのに、よく**ケントウ**した。	健闘	不利な条件でも、立派に戦うこと。
よく**ケントウ**してからお答えします。	検討	調べ考えること。
だれが勝つか全然**ケントウ**がつかない。	見当	予想。
気象予報士を目指し**ケンメイ**に努力した。	懸命	力を尽くして努力するさま。
在庫処分は**ケンメイ**な処置だった。	賢明	適切な判断。
政治家の**コウエン**会。	後援	後ろ盾になって援助すること。
劇団の**コウエン**があった。	公演	公衆の前で演劇や音楽などを演じること。
駅前の**コウエン**で待ち合わせよう。	公園	だれもが利用できる庭園や遊具のある場所。
有名作家が大学で**コウエン**した。	講演	公衆の前で講義すること。
試合後ユニフォームを**コウカン**した。	交換	取り換えること。

試合後、**コウカン**会を開いた。	交歓	親しく交わり、楽しむこと。
コウカンの持てる試合だった。	好感	好ましいと思う感情。
三日間の**コウキュウ**です。	公休	公休日。日曜、祝日以外にとる公の休日。
コウキュウを逃さず打つ。	好球	例えば野球で、打ちやすいボールのこと。
宇宙の誕生を**コウキュウ**する。	考究	深く考え、本質を究めようとすること。
コウキュウ料亭で食事をする。	高級	品質、レベルなどが高いこと。
彼は**コウキュウ**取りだ。	高給	給料が高いこと。
銀行に新しい**コウザ**を持った。	口座	金銭の出入りを記入、計算する場所。「預金口座」、「振替口座」。
あの教授の**コウザ**は人気が高い。	講座	講師の座る席。転じて、講義、講習会の意。
コウシュウトイレを使う。	公衆	大衆。一般の人々。
英会話の**コウシュウ**に参加する。	講習	学問などを研究すること。また、それらを教えること。
評価は**コウセイ**にゆだねる。	後世	後の時代。「ごせ」と読むと「あの世」。

コウセイ畏《おそ》るべし。	後生	あとから生まれてきた人。後進の人。
コウセイな対応が望まれる。	公正	公平で、偏りがないこと。
コウセイに転じる。	攻勢	相手を攻める姿勢。
コウセツの市場で取引する。	公設	国や地方公共団体が設立すること。
コウセツを拝聴する。	高説	優れた意見。相手の意見を敬っていう語。
コウテイ歩《ぶ》合《あい》が上がった。	公定	公の機関が定めること。
作業**コウテイ**が複雑だ。	工程	生産や加工の作業手順。
「はい」と素直に**コウテイ**する。	肯定	正しいと認めること。
目的地までは一時間の**コウテイ**だ。	行程	道のり。旅程。
昼休みは学校の**コウテイ**で遊ぶ。	校庭	運動などをするための学校の広場。
坂の上との**コウテイ**差は約十メートルだ。	高低	高いことと低いこと。
野生動物の**コタイ**を観察する。	個体	独立して存在するもの。

氷は水が**コタイ**となったものだ。	固体	一定の形や体積があり、変形しにくい性質を持つ物体。
彼女とは十年ぶりに**サイカイ**した。	再会	別れていたもの同士が再び出会うこと。
電車の運行が**サイカイ**された。	再開	中断していたものを再び始めること。
この大会の**サイダイ**の山場だ。	最大	最も大きいこと。
サイダイもらさず記録する。	細大	細かなことと大きなことの両方。
シカクでも楽しめる料理だ。	視覚	目で見る感覚。
別の**シカク**から見てみよう。	視角	ものの見方、観点のこと。
彼女はブランド**シコウ**が強い。	志向	意識や心がある目的に向かうこと。
睡眠不足で**シコウ**が鈍ってきた。	思考	考えること。
売上の倍増を**シコウ**する。	指向	ある目的を目指して向かうこと。
工事を**シコウ**する。	施工	工事をすること。
法律を**シコウ**する。	施行	法律の効力を発生させること。

野口英世の本を読んで医者を**シコウ**する。	**志向**	志し。
何回も**シコウ**を重ね新車を完成させた。	**試行**	試すこと。
大家に**シジ**して研鑽《けんさん》を積む。	**師事**	教えてもらうこと。
上司の**シジ**に従って仕事を行う。	**指示**	指し示すこと。
大統領選挙で多くの**シジ**を集める。	**支持**	賛同して後押しをすること。
ボランティア活動に**ジシュ**的に参加する。	**自主**	自分から進んで行うこと。
犯人が**ジシュ**してきた。	**自首**	犯罪事実発覚前に、犯人自らが訴追を求めること。
放っておくと**シショウ**を来すことになる。	**支障**	妨げ。差し支え。
たくさんの**シショウ**者が出た。	**死傷**	死ぬこととけがをすること。
シジョウ最大規模のイベント。	**史上**	これまでの歴史上。
シジョウをはさむと失敗する。	**私情**	個人的な感情。
殺人事件が**シジョウ**を騒がせている。	**紙上**	新聞の記事面。

新車のシジョウ会。 **試乗** 試しに乗ってみること。

週刊誌のシジョウで論戦を繰り広げる。 **誌上** 雑誌の記事面。

株式シジョウは年々活発になっている。 **市場** 売り手と買い手が規則的に商品を取引する場所。

暮らしにくいごジセイだ。 **時世** 時代、世の中のこと。

英語ではジセイを理解することが大切だ。 **時制** 現在、過去、未来などを示す文法。

ジセイにおくれないように努める。 **時勢** 時代の勢い、流れのこと。

ジタイが急展開する。 **事態** 事のなりゆきや様子。

それジタイに問題はない。 **自体** それ自身。

会長就任をジタイする。 **辞退** 断ること。謙譲のニュアンスを含んでいる。

ジッセン的な練習に取り組んだ。 **実戦** 実際に行われる戦いのこと。

理屈よりもジッセンが大切だ。 **実践** 実際に行うこと。実施すること。

組織は名ばかりでジッタイはない。 **実体** 本質、本体のこと。

経営の**ジッタイ**が明らかとなる。	実態	実際のありさまや状態のこと。
二月からプロ野球のキャンプが**シドウ**する。	始動	動き始めること。
子どもたちに剣道を**シドウ**する。	指導	教え導くこと。
私の家は、**シドウ**で公道と結ばれている。	私道	私人が保有する道。
彼は調整役を**ジニン**している。	自任	自分には資格や力量があると思い込むこと。
彼は過失を**ジニン**している。	自認	自ら過失や足りないことなどを認めること。
責任を取って社長を**ジニン**した。	辞任	職務を辞退すること。
シフクに着替える。	私服	個人が所有している服。自分の好みで着る服。制服の対義語。
シフクを肥やす。	私腹	地位や職務を利用して、ひそかに財産を増やすこと。
シフクの時を過ごす。	至福	この上ない幸せに満ちている状態。
班長の**シメイ**はみんなをまとめることだ。	使命	与えられた任務、仕事。
先生は班長に山本君を**シメイ**した。	指名	選んで任務などに就けること。

生活**シュウカン**を改善しなければ。 **習慣** 日常繰り返し行っていること。しきたり。

シュウカン誌を買いに行く。 **週刊** 一週間を周期に出版、発売されること。

食料を一**シュウカン**分まとめて買った。 **週間** 七日間のこと。

戦争が**シュウケツ**して平和になった。 **終結** 終わること。

デモ行進の参加者が**シュウケツ**し始めた。 **集結** 一ヵ所に集まること。

回転するコマの**ジュウシン**。 **重心** バランス。つり合い。

豊臣秀吉は織田信長の**ジュウシン**の一人だ。 **重臣** 重い役目の家臣。

文化勲章を**ジュショウ**した。 **受章** 勲章を受けること。

ノーベル賞を**ジュショウ**した。 **受賞** 賞を受けること。

国王が臨席し、**ジュショウ**式が行われた。 **授章** 勲章を授けること。

ジュショウ式で賞状を手渡した。 **授賞** 賞を授けること。

彼の実家は**ショウカ**だ。 **商家** 商売をする家。

なつかしい**ショウカ**を歌った。	唱歌	とくに、戦前において学校教育のためにつくられた歌。
ドライアイスは**ショウカ**して気体になる。	昇華	固体が液体になることなく気体になること。
すばやい行動で**ショウカ**した。	消火	火を消すこと。
胃腸は人間の**ショウカ**器だ。	消化	食物を分解すること。
ショウシンをいやす一人旅に出た。	傷心	悲しみなどに傷ついた心。
彼は**ショウシン**者だ。	小心	臆病（おくびょう）なこと。気が小さいこと。
この**ショウヒン**はなかなか売れない。	商品	販売の対象になるもの。
徒競走の**ショウヒン**にノートをもらった。	賞品	賞として与える品物。
壁に突き当たったら**ショシン**に返れ。	初心	思い立ったときの気持ち。
国会冒頭に総理大臣が**ショシン**表明をした。	所信	自分の考え。
地域の産業を**シンコウ**する。	振興	奮い立たせてさかんにすること。
自動車産業に**シンコウ**勢力が加わってきた。	新興	新しく興ること。

ジンコウ百万人の大都市だ。	**人口**	その地域に住んでいる人の数。
運河は**ジンコウ**的に造られた河川だ。	**人工**	人の手を加えること。
シンチョウに対処すべきだ。	**慎重**	注意深いさま。
スーツを**シンチョウ**する。	**新調**	新しく仕立てること。
その意見は意味**シンチョウ**だ。	**深長**	「意味深長」で深い意味が裏にあること。
シンチョウが伸びた。	**身長**	背丈。
怒り**シントウ**に発す。	**心頭**	心底怒る。
雨が衣服を**シントウ**する。	**浸透**	しみ通ること。広く行きわたること。
敵が**シンニュウ**してきた。	**侵入**	侵して入ってくること。
狭い道に車が**シンニュウ**してきた。	**進入**	進んで入ること。
歴史事典には多くの**ジンメイ**が載っている。	**人名**	人の名前。
ライフセイバーは**ジンメイ**の救助が仕事だ。	**人命**	人の命。

学習の**セイカ**を上げるために努力する。	成果	なしとげた結果。できばえ。
津軽地方に太宰治の**セイカ**を尋ねた。	生家	生まれた家。
仏前に**セイカ**を供えた。	生花	枯れていない花。
セイカ市場に仕入れに行く。	青果	（生の）野菜や果物のこと。
絵画を**セイサク**する。	制作	絵を描くなど、芸術品などを作ること。
衆参のねじれ国会で**セイサク**が一定しない。	政策	政治の基本的な考え。
椅子《いす》を**セイサク**する。	製作	道具などを作ること。
この事業に**セイサン**はあるのか。	成算	ものごとがうまくいく見込みのこと。
借金を**セイサン**する。	清算	お金の貸し借りを整理すること。
買い物を**セイサン**する。	精算	お金を詳しく計算すること。
彼の来《こ》し方は**セイシ**するに忍びない。	正視	正面からじっと見ること。
衛星放送は**セイシ**衛星を利用している。	静止	動かないこと。

身の回りを**セイリ**する。	整理	きちんと片付けること。
セイリ的にたえられない。	生理	生物の働き。
ゼンカイ一致で決定された。	全会	会の全体、また、その会に出席している全員。
病気が**ゼンカイ**した。	全快	すべて回復すること。
エンジンを**ゼンカイ**にした。	全開	すべてを、いっぱいに開けること。
停滞**ゼンセン**の影響で雨が降り続くだろう。	前線	二つのものが直接に接する部分。
崖《がけ》崩《くず》れで電車は**ゼンセン**で運休になっている。	全線	始発駅から終着駅まで。
この薬には**ソッコウ**性がある。	即効	薬などの効き目が早くあらわれること。
ソッコウ所で観測する。	測候	気象を観測すること。
ソッコウで先取点を挙げた。	速攻	すばやく攻めること。
投資には**タイカ**が求められる。	対価	財産や労働を提供した見返りに受け取る利益。
タイカ建築を建てる。	耐火	火事に耐えること。

文明の**タイカ**だ。	退化	進歩していたものが、もとの状態に戻ってしまうこと。
江戸はしばしば**タイカ**に見舞われた。	大火	大火事のこと。
日々を**タイカ**なく過ごした。	大過	大きな過ち、過失のこと。
二つの表を**タイショウ**してみる。	対照	二つを比べ合わせること。
左右**タイショウ**の模様。	対称	二つのものが対応して釣り合っていること。
中学生が**タイショウ**の本。	対象	目標、目的、目当て。
砂漠を行く**タイショウ**を見た。	隊商	砂漠などで隊を組んでいる商人。キャラバン。
お山の**タイショウ**。	大将	かしら。指揮官。
資本主義**タイセイ**の下ではやむを得ない。	体制	秩序づけられた組織の構造。
タイセイをくずして負けてしまった。	体勢	体の姿勢や構え。
その細菌は抗生物質に**タイセイ**がある。	耐性	耐えられる性質。
万全の**タイセイ**で臨んだほうがよい。	態勢	物事を対処するための身構え。

勝敗の**タイセイ**は大方決したようだ。
大勢 物事のなりゆき。

食生活の**タヨウ**化が進んでいる。
多様 種類や方法などがさまざまであること。

外来語を**タヨウ**した報告書だ。
多用 多く用いること。

チョウコク作品を展示する。
彫刻 石、木などを彫ったり、削ったりして制作する造形美術。

苦悩を**チョウコク**する。
超克 困難に打ち勝ち、乗り越えること。

責任を**ツイキュウ**する。
追及 欠点や責任を問いただすこと。

利益を**ツイキュウ**する。
追求 目的達成を強く追い求めること。

真理を**ツイキュウ**する。
追究 深く考え究めること。「追窮」とも書く。

安い物には品質が悪い**テイキュウ**品が多い。
低級 等級や品位などが低いこと。

この商店は火曜日を**テイキュウ**にしている。
定休 商店などが定期的に設けている休業日。

戦争中は英語は**テキセイ**言語だった。
敵性 敵である性質。

公務員としての**テキセイ**に欠ける。
適性 性質が適していること。

問題をテキセイに処理した。	適正	適して正しいこと。
聖火にテンカする。	点火	火をつけること。
最後にテンカをとったのは家康だった。	天下	世界。全国。
責任テンカはよくない。	転嫁	自分の責任などを他人におしつけること。
食品のテンカ物を調べた。	添加	付け加えること。
言葉の意味がテンカした。	転化	ある状態から別の状態に変化すること。
今後の政治のドウコウは予断を許さない。	動向	動き。情勢。
クラブ活動にはドウコウの士が集まる。	同好	趣味などを同じくすること。
ドウコウ異曲では独創性がない。	同工	「同工異曲」で、見かけは違っても中は同じ。
彼と駅までドウコウする。	同行	連れ立っていくこと。
仲間ドウシで争うのはやめよう。	同士	同じ集団に属しているなど、共通の関係にあること。
森林伐採に反対するドウシをつのる。	同志	主義や主張を同じくするもの。

新聞に**トウショ**した。	**投書**	意見や感想などを、官庁、報道機関などに送ること。
トウショはよかったが、今は問題がある。	**当初**	最初。始め。
私の意見は**トウショ**に書いた通りである。	**頭書**	本文の上欄に書き加えること。本文の最初。
高齢社会の**トクチョウ**を考えよう。	**特徴**	目立つ点。
箱に製品の**トクチョウ**が書いてある。	**特長**	良い点。
雑誌が**ハイカン**になった。	**廃刊**	定期刊行物の発行をとりやめること。
京都の寺院の多くは**ハイカン**料が必要だ。	**拝観**	謹んで見ること。
壊れた机を**ハイキ**処分にした。	**廃棄**	捨てること。
自動車の**ハイキ**対策が急がれる。	**排気**	気体を外に出すこと。
時代を**ハンエイ**した事件。	**反映**	影響が及びあらわれること。
中生代には恐竜が**ハンエイ**した。	**繁栄**	栄えること。
ものごとの**ハンメン**しか見ていない。	**半面**	片方の面。

仕事人間の**ハンメン**、遊びもうまい。	反面	反対の面。
ヒジョウの事態に対応する。	非常	普通でないこと。差し迫っている状況。
ヒジョウな決断だ。	非情	人間らしい感情、思いやりがないこと。
ユリの花を市の**ヒョウショウ**に図案化した。	標章	団体などがシンボルとする記章、記号。
人命救助で**ヒョウショウ**された。	表彰	功績や善行を褒め称（たた）えること。
バラは情熱を**ヒョウショウ**する花だ。	表象	意識の中に形づくられたイメージ。象徴。
パソコンの家庭への**フキュウ**はめざましい。	普及	広く行きわたること。
不眠**フキュウ**で働いた。	不休	休まないこと。
フキュウの用件は後に回す。	不急	急がないこと。
深刻な**フキョウ**に見舞われた。	不況	経済の活動が不活発になること。不景気。
先生の**フキョウ**を買ってしまった。	不興	おもしろくないこと。不機嫌。
ザビエルはキリスト教を**フキョウ**した。	布教	宗教、信仰を教え広めること。

アメリカは**フキョウ**を誇る大国だ。	富強	国が富み、力が強いこと。
経営する会社が成功して**フゴウ**になった。	富豪	金持ち。
証言と事実が**フゴウ**した。	符合	ぴったり合うこと。
プラスとマイナスの**フゴウ**を間違えた。	符号	記号。
いい加減な言動が**フシン**を招いた。	不信	信用できないこと。
不景気のあおりを受け商売が**フシン**だ。	不振	振るわないこと。
火災を消防署に**ホウチ**した。	報知	事件や事故を知らせること。
自転車が**ホウチ**されている。	放置	そのままに、放っておくこと。
日本は**ホウチ**国家だ。	法治	法に基づいて政治が行われること。
彼は**ホウヨウ**力がある。	包容	寛大に受け入れること。
週末に**ホウヨウ**がある。	法要	法事などの仏教儀式。
ホケン室に行く。	保健	健康を保つこと。

生命**ホケン**に入る。	保険	あらかじめ金銭などを出し合っておいて、偶然起きる事故などに備える制度。
品質を**ホショウ**する。	保証	大丈夫と請け合うこと。債務不履行の場合に代わって履行すること。
旅の安全を**ホショウ**する。	保障	責任をもって障害のないようにすること。
損失を**ホショウ**する。	補償	与えた損失を償うこと。
このたびの受賞は**ムジョウ**の光栄だ。	無上	この上ない。
世の中は**ムジョウ**で不変なものはない。	無常	不変なものはないこと。はかないこと。
助けないなんて、**ムジョウ**なやつだ。	無情	思いやりがないこと。
ヤセイを忘れた動物園の動物たち。	野性	本能のままの性質。
国連で**ヤセイ**生物保護について話し合った。	野生	動植物が山野で自然に育つこと。
赤組が**ユウセイ**だ。	優勢	勢いが相手にまさっていて、有利な状況にあること。
メンデルは**ユウセイ**の法則を発見した。	優性	メンデルが発見した遺伝の法則で、第一代雑種に現れる形質。優性形質。
作業するのに**ヨウイン**が不足している。	要員	必要な人員。

故障の**ヨウイン**を調査している。	**要因**	主な原因。
ヨウシに比べて和紙は丈夫だ。	**洋紙**	西洋で開発された方法でつくられた紙。
再生紙からできたコピー**ヨウシ**を使う。	**用紙**	用途に応じてつくられた紙。
彼女は**ヨウシ**端麗《たんれい》だ。	**容姿**	姿形。
随筆の**ヨウシ**をまとめる。	**要旨**	主な内容。肝腎（かんじん）な点。
建築の**ヨウシキ**を検討する。	**様式**	形式や型。技法などにも広く使われる。
ヨウシキの建物を建てる。	**洋式**	西洋風、西洋のやり方。
他国の援助を**ヨウセイ**する。	**要請**	必要であると願い求める。
検査で**ヨウセイ**反応が出た。	**陽性**	検査などで反応を示すこと。
エリートを**ヨウセイ**する。	**養成**	育てること。
裁判所から**レイジョウ**が発行された。	**令状**	命令を記した文書。逮捕令状。
先生に**レイジョウ**を出した。	**礼状**	お礼の気持ちを記した書状や手紙。

漢字を書く〈同訓異字〉

◆太字になっている片仮名の部分を漢字で書きましょう。

約束の場所で取引先の担当者と**ア**う。	会	人と出会う。集まる。再会、会合、会社など。
思いがけず昔の友に**ア**う。	遇	偶然あう。「会う」「遭う」にも偶然あう意はあるので可。
帳簿の計算が**ア**う。	合	あう。一つになる。同じになる。集まる。合流、合計など。
交通事故に**ア**う。	遭	事件や人に思いがけなく出会うこと。遭遇など。
富士山の頂上を**アオ**ぐ。	仰	見上げる。尊敬する。指示を求める。仰天、信仰など。
暑いのでうちわで**アオ**いだ。	扇	風を送る。扇子など。
暇に**ア**かして旅行をする。	飽	飽きさせる。ふんだんに使う。飽和など。
秘密を**ア**かされた。	明	ずっと過ごす。明らかにする。証明など。
コロッケが**ア**がった。	揚	さし上げる。引き上げる。高揚など。
物価が**ア**がった。	上	ある水準に達する。上に行く。地位が上がる。
家の窓を**ア**ける。	開	開く。開ける。始める。出入りできる。開始、開店など。
旅行で家を**ア**ける。	空	空にする。留守にする。利用できる状態になっている。空白、空間など。

朝が**ア**ける。	明	明るくなる。
手を**ア**げる。	挙	持ち上げる。ささげる。ことを起こす。
値段を**ア**げる。	上	高くする。たてまつる。
アサ早く起きる。	朝	あさ。あした。まつりごと。朝廷、朝日など。
アサの布地のシャツを着る。	麻	クワ科の一年草。麻布などの原料となる。しびれる。麻酔、麻疹（ましん）。
疲れたので**アシ**を休めた。	足	くるぶしから下の部分。歩む。
机の**アシ**がぐらついている。	脚	あし全体。物の下の部分。歩く。脚本、健脚など。
アタタかい心に触れた。	温	温度がほどよい。あたたかい。穏やか。気温、温水など。
アタタかい部屋。	暖	あたためる。あたたまる。暖房、温暖など。
図書館には**アツ**い本がたくさんある。	厚	二つの面の隔たりが大きい。厚誼、温厚、厚生。
アツい日が続く。	暑	気温が高いこと。
お風呂のお湯が**アツ**くて入れない。	熱	必要以上に温度が高い状況。熱湯、熱気など。

問題	漢字	意味・用例
交通費の残りを食費に**ア**てる。	充	満たす。備える。補充、充足など。
ボールを壁に**ア**てる。	当	命中させる。匹敵する。
アトで遊びに行く。	後	空間的、時間的にあと。最後、背後。
動物の歩いた**アト**が続いている。	跡	足あと。去っていったあと。建物があったあと。足跡（そくせき）、遺跡。
生ゴミを庭に**アナ**を掘って埋めた。	穴	土地を掘ったくぼみ。突き抜けている空間。欠点、損失。洞穴、虎穴など。
鉱山の**アナ**から鉄鉱石が運び出される。	坑	土地に掘った穴。穴に落とす。炭坑、坑道など。
ごま**アブラ**で揚げる。	油	「油」は常温で液体のものに用いる場合が多い。
作家として、いま**アブラ**がのっている。	脂	「脂」は常温で固体のものに用いる場合が多い。
同じ**アヤマ**ちを犯してはいけない。	過	過ぎる。時間がたつ。つみ。とが。過ち。経過、過料など。
判断を**アヤマ**る。	誤	間違える。「謬る」とも書く。誤解、誤答など。
借りていた本をなくし、彼に**アヤマ**る。	謝	わびる。断る。謝罪、謝恩など。
彼は気が**アラ**い。	荒	土地などに作物が育たない。気などがすさむ。荒廃、破天荒など。

洗濯機の中に**アラ**い物がたくさんある。	洗	洗う。洗い流す。疑いのあるものを調べる。洗浄、洗脳など。
目の**アラ**い網で餅《もち》を焼く。	粗	手を加えていない。なめらかでない。雑。粗雑、粗末など。
運転免許を**アラタ**める。	更／改	新しくかえる。代わるがわる。さらに。更衣、更改など。
心を**アラタ**める。	改	制度などを新しくする。変える。心などをよくする。改革、改心など。
朝になって病気が急に**アラタ**まった。	革	改まる。改める。迫る。病気が重くなる。改革、革命など。
その功績で世に名前を**アラワ**した。	顕／現	広く世間に知らせる。高い身分。顕現、貴顕など。
隠れた才能が**アラワ**れた。	現	考えを言葉などであらわす。今。表現、現役など。
小説を**アラワ**す。	著	書物を書く。名前が知れるようになる。著書、著名など。
計算した数値をグラフに**アラワ**す。	表	感情、表情を示す。芸術的手段で表現する。表示、表題など。
東京タワーは東京に**ア**る。	在	存在している。生きている。現在、在学など。
アる人が家を訪ねてきた。	或	はっきりしないものをさす。
彼には教養が**ア**る。	有	持っている。持ち続けている。有限、有名など。

みんなで調子を**ア**わせて歩いた。	合	ひとつのものになる。合同、合意など。
周囲の町や村を**アワ**せて市制を敷いた。	併	ふたつ以上のものをまとめる、並べる、併せる。併合、併置。
目をつり上げて**イカ**りをあらわにした。	怒	怒る。憤る。さかんな勢い。怒号、憤怒など。
出港するために**イカリ**を上げた。	錨	船を止めておくために海中に沈める重し。抜錨など。
彼は行動が洗練されていて**イキ**だ。	粋	純粋である。質がよい。人情に通じている。無粋、粋美など。
記録が伸びて、彼も**イキ**を吹き返した。	息	息をする。わずかな時間。ねぎらう。息吹、安息など。
重病に打ち勝って新たな気持ちで**イ**きる。	生	発芽する。大きくなる。生まれる。生きる。生育、生涯。
イタって幸せです。	至	極める。この上ない。至急、夏至など。
不徳の**イタ**すところである。	致	送り届ける。伝える。役職などを辞める。投げ出す。送致、致死、致命など。
王冠を**イタダ**く。	戴	頭の上に物をのせる。慎んでいただく。戴冠、奉戴など。
贈り物を**イタダ**く。	頂	てっぺん。山の頂上。いただく。山頂、頂戴など。
家が**イタ**んできた。	傷	傷つく。壊れる。腐る。傷害、傷病など。

足が**イタ**む。	痛	肉体的、精神的に苦しむ。はげしく。苦痛、痛快など。
時計を直すには歯車が**イ**る。	要	必要な物を求める。肝腎（かんじん）なところ。かなめ。要求、要望など。
弓を引いて矢を**イ**る。	射	弓を放つ。発する。的などに当てる。射撃、噴射など。
気に**イ**った色のシャツ。	入	入る。入れる。熱中する。入射、入室。
木を**ウ**える。	植	まっすぐに立てる。植物を植え付ける。植林、移植など。
腹が減って**ウ**え死にしそうだ。	飢	食物がない。腹が減る。飢饉（ききん）、飢渇（きかつ）など。
機会を**ウカガ**う。	窺	こっそり見る。ねらう。
先生のお宅に**ウカガ**う。	伺	訪問する。指示を仰ぐ。伺候（しこう）など。
湖に小舟が**ウ**いている。	浮	浮く。浮力、浮揚など。
小包を**ウ**け取る。	受	受ける。受領、受信など。
電話で注文を**ウ**けた。	請	求める。引き受ける。請願、請求など。
感じた季節を和歌に**ウタ**う。	詠	詩歌をうたう。詠歌、吟詠（ぎんえい）など。

全員で**ウタ**った。	歌	歌をうたう。唱歌、歌曲。
天才と**ウタ**われた。	謳	ほめたたえる。謳歌（おうか）など。
僕の**ウチ**はここだ。	家	住居。家族。流派。家庭、家元など。
ここもお城の**ウチ**だ。	内	内側。ひそかに。内定、内閣など。
猟銃で獲物を**ウ**った。	撃	強く打つ。打ち鳴らす。撃ち当てる。射撃、撃破など。
バットでボールを**ウ**つ。	打	勢いよく当てる。打撃、打算など。
敵を谷間におびき出して**ウ**った。	討	武器などを用いて打撃を与える。追討、討伐（とうばつ）など。
机を部屋の南側に**ウツ**した。	移	動かして場所を変える。移動、遷移など。
着物姿を鏡に**ウツ**した。	映	反射や投影によって姿形をうつし出す。映写、映像など。
詩を手帳に**ウツ**した。	写	文字や絵、風景などをそのままに書き取る。写実、写真など。
双子が**ウ**まれた。	産	子どもをうむこと。産卵、難産など。
決勝で日本新記録が**ウ**まれた。	生	生まれること。生産、生家など。

ウまずたゆまず努力する。	倦	いやになること。倦怠感（けんたいかん）。
「**ウ**んだ子よりも抱いた子」という格言。	産	「産む」には「生む」も使われるが、この格言では「産」が正答。出産、産業など。
金銭を**エ**る。	得	手に入れる。満足する。得策、得度（僧になること）など。
狩りで猪を**エ**る。	獲	狩りや漁などで鳥獣や魚介類をえる。獲得、漁獲など。
臍《へそ》の**オ**が残っている。	緒	糸の先。糸口。物事などの起こり。端緒、緒言など。
犬の**オ**を踏んだ。	尾	しっぽ。終わり。後ろ。尾行、語尾など。
職を**オ**われた。	逐	追い回す。追い払う。駆逐、放逐など。
先発隊の後を**オ**って山岳救助に向かった。	追	ついて行く。追いかける。付け加える。追跡、追加など。
借金返済の全責任を**オ**うことになった。	負	背負う。責任などを引き受ける。負担、負荷など。
人権を**オカ**してはならない。	侵	領域、権利をおかす。侵犯、侵出など。
過ちを**オカ**す。	犯	法や道徳をおかす。犯罪、犯人など。
危険を**オカ**してまで旅に出る。	冒	困難を押し切って。「病気にオカされている」も「冒されて」。冒険、感冒など。

一目**オ**く。	置	物を置く。とどめる。立てる。処置、配置など。
何を**オ**いてもやらなければならない。	措	やめる。～を除いて。措置、挙措。
母を駅まで**オク**っていく。	送	見送る。派遣する。葬式でおくる。送迎、葬送など。
誕生日にお祝いの品を**オク**った。	贈	金品などをつかわす。贈答、贈与など。
流行に**オク**れる。	後	後に残されること。最後、今後など。
待ち合わせの時間に**オク**れる。	遅	時が遅くなる。あとになる。遅参、遅刻。
事件が**オ**こった。	起	新しく発生する。立ち上げる。隆起、起業など。
新しい考えが**オコ**る。	興	担ぎ上げる。さかんになる。おもしろさを感じる。興味、興奮など。
そんなことを言ったらだれでも**オコ**る。	怒	いきどおる。さかんな勢い。怒気、怒号など。
洋服ダンスに洋服が**オサ**まった。	収	入れる。洋服などをしまう。おさめる。蓄える。収納、収拾。
トイレに行ったら腹痛が**オサ**まった。	治	整理する。経営する。鎮める。統治。治療。
カイシンの勝利を**オサ**める。	収	入れる。しまう。得る。収集。収拾。

大学では心理学を**オサ**めました。	修	整えた状態にする。修正、修理など。
税金を**オサ**めた。	納	おさめる。差し出す。納入、納税など。
玄関のベルを**オ**した。	押	ものに力を加えること。圧迫すること。押捺（おうなつ）など。
彼を生徒会長に**オ**した。	推	人にすすめること。推量すること。推移、推敲など。
生活が乱れてここまで**オ**ちた。	堕／落	破れる。くずれる。生活が乱れる。堕落、墜落。
棚から食器が**オ**ちた。	落	上から下へいく。葉が落ちる。数などが減る。落葉、落雷など。
喜びに胸が**オド**った。	躍	跳ね上がる。胸がわくわくする。躍進、躍動など。
タンゴを**オド**った。	踊	地面を足で突いてはね回る。舞踊、踊躍など。
オモテに出たら雨が降ってきた。	表	上着。表面。表れ。しるし。表層、表現など。
下を向いていないで**オモテ**を上げなさい。	面	顔、土地などの上べ。方向。表面。面積など。
社長の職を**オ**りた。	降	下へ向かう。乗り物から降りる。雨などが降る。降雨、降車など。
山を**オ**りた。	下	上から下へ向かう。ふもと。下の部分。屈服する。下校、却下など。

麻の繊維を**オ**ってつくった生地。	織	縦糸と横糸を絡ませて布を作ること。織機、組織など。
強風で木の枝が**オ**れた。	折	力が加えられたことで直線状のものが曲がること。屈折、折衝など。
犬を**カ**っている。	飼	動物を養う。飼育、飼料など。
失笑を**カ**った。	買	貨幣を仲立ちに品物を得る。買う。買収、売買など。
子どもを学校から自宅に**カエ**す。	帰	人をもとの場所に戻らせる。帰郷、帰国など。
ドルを円に**カ**える。	換	まったく別のものに交換、変更する。変換、換気など。
席**ガ**えをする。	替	入れ替わる。交替、為替など。
ピッチャーを**カ**える。	代	入れ代わる。代わるがわる。代わりの人。世代。代打など。
その魚は回りに合わせて色を**カ**えた。	変	変わる。別なものになる。移り変わる。乱れ。事変、変化など。
やまびこが**カエ**ってくる。	返	もとの場所、状態に戻る。応答がある。返答、返信など。
この試合に優勝が**カ**かっている。	懸	掲げられること。「月が懸かる」「賞品が懸かる」。
本件に**カカ**わる審議が進んだ。	係	関係する。結びつける。係累、継嗣など。

文章を**カ**く。	書	書き記す。文字。本。書架、書記など。
君の言動は人々への配慮を**カ**いている。	欠	損じる。抜かす。欠損、欠落など。
山**カゲ**に日が沈んだ。	陰	日などが陰る。暗い。ひそか。月。陰影、陰暦など。
夕方は、**カゲ**が長く地面に落ちる。	影	灯火などの光。光が遮られて形が暗くうつった部分。影響、撮影など。
橋を**カ**ける。	架	ものとものの間に渡す。架橋、高架など。
迷惑が**カ**かってはいけない。	掛	もとはひっかけるの意。「腰を掛ける」「費用が掛かる」。
地蔵に**カサ**をかぶせた。	笠	雨や日光などを防ぐための被り物。笠の形をしたもの。
雨の日は**カサ**の忘れ物が多い。	傘	雨や日光などを防ぐための柄のついたかさ。傘下、落下傘など。
泥沼と**カ**した。	化	違ったものに変わってしまうこと。化学など。
懲役刑が**カ**された。	科	刑罰を負わせること。科目、科挙（かきょ）など。
夏休みに宿題を**カ**された。	課	仕事や勉強を割り当てること。日課、課外活動など。
図書館で本の**カ**し出しをします。	貸	財貨を受け渡す。貸す。賃貸。貸与、貸借。

カタが軽くなった。	肩	かた。かつぐ。双肩、比肩など。
カタ方の靴が見つからない。	片	二つに割った一方。分ける。一片、断片など。
競泳の自由**ガタ**。	形	かたち。形成、形勢など。
考え**カタ**を改める。	方	方位。方角。方法。
彼は口が**カタ**い。	堅	質がしっかりと丈夫。堅実で信頼できる。「合格は堅い」など。
彼は頭が**カタ**い。	固	他から影響をうけず。しっかりと強い。「固い握手」など。
カタい石。	硬	力を加えても変形しない。緊張している。「表情が硬い」など。
信じるに**カタ**くない。	難	むずかしい。なかなかできない。「～にかたくない」で、～はむずかしくない。
カドを曲がるとすぐ前にある。	角	物のとがっている部分。四隅。角材、角度など。
笑う**カド**には福来たる。	門	出入り口。教師とその弟子たち。門扉、門閥など。
ものは**カネ**で買う。	金	銅や金などの金属。金物。貨幣。美しいものの形容。金印、金色、金魚など。
大晦日《おおみそか》には百八つの**カネ**の音が響く。	鐘	打楽器の一つ。釣り鐘。鐘鼓、鐘乳洞（しょうにゅうどう）など。

舞台の**カミ**手。	上	上。上る。かみ。上意、上下など。
僧になったので**カミ**を下ろした。	髪	頭の毛。危機一髪、散髪など。
気持ちを**カミ**に書いて発表した。	紙	木を原料として作られる筆記や包装などに使われる用具の一つ。
カミに平和を祈る。	神	天の神。すぐれたものの形容。神業など。
貝の**カラ**を使って人形を作った。	殻	貝を覆っている硬い部分。硬い覆い。貝殻、地殻など。
瓶が**カラ**になった。	空	そら。空しい。空ける。あな。空虚、空隙など。
日本では昔、中国のことを**カラ**と呼んだ。	唐	中国の古代王朝の名称。唐詩、唐突など。
縄文《じょうもん》時代は**カ**りと採集で生活していた。	狩	鳥獣を捕まえること。狩人、潮干狩など。
カリに想像してみた。	仮	まにあわせの。もしも。仮面、仮名など。
図書館で本を**カ**りる。	借	借りる。借金、間借りなど。
草を**カ**る。	刈	草を刈る。取り除く。稲刈り、柴刈りなど。
馬を野に**カ**る。	駆	走らせること。駆使する。

このカバンは**カワ**で作られている。	革	なめしがわ。あらたまる。
カワで泳ぐのは危険だ。	川	水を集めて流れ下る筋。川柳、川原など。
カワ一枚で何とか持っている状態だ。	皮	身体を保護する外側の器官。皮革、皮肉など。
野球のメンバーが**カ**わる。	替	新しいものになる。
職場の配置が**カ**わった。	換	別なものに入れかわる。
山田さんに**カ**わってもらう。	代	代理をする。入れかわる。
さっきとは人が**カ**わったようだ。	変	前と違う状態になる。普通ではない。「変わった人だ」。
音楽会で管弦楽団の演奏を**キ**く。	聴	明らかにする。詳しく念入りに聞く。聴聞、聴許など。
薬が**キ**く。	効	よい効果が出る。
その話は昨日**キ**いた。	聞	声、音が耳に入る。新聞、聴聞など。
機転が**キ**く。	利	能力、機能が十分に働く。
木を**キ**る。	切	きる。裂く。一切、締切など。

洋服を**キ**る。　着　身に着ける。住み着く。着衣、着実など。

進退が**キワ**まる。　窮　きわまる。ふさぐ。とまる。苦しめる。困窮、窮乏など。

不都合**キワ**まる態度。　極　きわまる。つきる。きわみ。この上なく。極点、対極など。

真相を**キワ**める。　究　きわめる。最後まで探る。終わり。追究、研究など。

高床式《たかゆか》建物は穀物を保管する**クラ**だった。　倉　穀物などをしまっておくところ。穀倉、倉庫など。

今度の企画はお**クラ**入りになった。　蔵　商店などで商品などをしまっておくところ。大蔵、蔵本など。

街灯がない**クラ**い夜道を歩く。　暗　日の光が届かない。そらんじる。暗渠(あんきょ)、暗算など。

クライが高い人。　位　席次や等級などの位置。方角。地位、順位など。

糸を**ク**る。　繰　糸をくる。たぐる。順に送る。繰り延べなど。

会議には何人の人が**ク**るのかな。　来　向かってくる。来駕(らいが)、来場。

君の**コ**いを入れて許すことにした。　請　まねく。たずねる。うける。招請、請願など。

海は深いところの方が色が**コ**い。　濃　味が濃い。密に詰まっている様子。濃厚、濃淡など。

コイを料理して食べる。	鯉	食用と観賞用がある比較的大きな淡水魚。
彼女と**コイ**に落ちた。	恋	愛情を持って慕う。恋々、恋愛など。
電車が鉄橋を**コ**えた。	越	踏み越える。経過する。越年、越権など。
人口が一億人を**コ**えた。	超	(比べて)こえる。ぬきんでる。超越、超過。
馬**コ**える秋。	肥	太らせる。地味が豊かである。肥料、肥沃など。
情の**コワ**い人。	強	強い。健やか。こわばる。かたい。強調、強健など。
崖《がけ》っぷちにいて**コワ**い思いをした。	怖	恐れる。おどす。恐怖、畏怖など。
迷子の子を**サガ**す。	捜	不明になった人や犯人などを捜す。捜索、捜査など。
鍵《かぎ》を**サガ**す。	探	ものを見つける。
花が**サ**く。	咲	「笑う」が原義。花が開く。
紙面を**サ**いて記事を載せる。	割	切り開く。割る。時間や物の一部を他のものに当てる。
二人の仲は引き**サ**かれた。	裂	布や紙などを引っ張って破る。人間関係を隔たらせる。

自動車を**サ**ける。	**避**	よけて避ける。逃れる。避暑、避難など。
布が**サ**ける。	**裂**	布を切り裂く。ちぎれる。裂帛（れっぱく）、決裂など。
刀を腰に**サ**す。	**差**	傘を差す。水を差す。
蜂《はち》に**サ**された。	**刺**	突き通す。刺激する。
目的地を**サ**して、ひたすら歩いた。	**指**	ある方向に向かう。ある方向を示すこと。
花を花瓶に**サ**す。	**挿**	さしこむ。はさむ。挿話、挿絵など。
朝、目が**サ**めたときにはすでに遅刻だった。	**覚**	ぼんやりした意識がはっきりすること。
朝、昨夜の残りの**サ**めたご飯を食べた。	**冷**	心や料理などで熱かったものが熱くなくなること。
寿司を食べて、**サラ**にうどんを食べる。	**更**	土地を平らにかためる。あらためる。さらに。更地、更衣など。
料理を**サラ**に盛る。	**皿**	料理などを盛りつける厚みの薄い器。
棘《とげ》のある言葉を聞くと気に**サワ**る。	**障**	隔てる。遮る。差し支える。障子、故障など。
ピアノに**サワ**る。	**触**	ふれる。さわる。触法、触覚など。

料理に**シオ**は欠かせない。	塩	料理でつかう塩。化学の塩類。塩基、塩梅（塩と酢）など。
そろそろ**シオ**が満ちてくる頃《ころ》合いだ。	潮	海水が満ちたり引いたりすること。海水。傾向。潮流、潮汐（ちょうせき）など。
気を**シズ**める。	静	心を落ち着かせる。物音や声を出さないようにする。
湯船に体を**シズ**める。	沈	沈む。滞る。沈滞、沈潜など。
暴動を**シズ**める。	鎮	力で安定させること。「鎮」はおもし、おもりの意。
主君に**シタガ**って行動する。	従	付き従う。つきそう。服する。従前、従犯など。
六十にして耳**シタガ**う。	順	素直。従う。従順、順序など。
風でドアが自然に**シ**まった。	閉	とざす。とじる。しまる。隠す。開閉、密閉など。
湯気で室内が**シメ**る。	湿	水気をふくむ。湿潤、湿布など。
首を**シ**める。	絞	首を絞める。絞殺など。
全体の六割を**シ**める。	占	自分一人のものとする。占う。独占、占領など。
帯を**シ**める。	締	緩まないように締め付ける。締結（ていけつ）など。

ドアを**シ**める。	閉	開いているものを閉じる。閉会、閉廷など。
今冬初めて**シモ**が降りた。	霜	水分が地表で凍結してできた氷柱。しも。霜柱。秋霜、霜降など。
川**シモ**に行く。	下	下へ向かう。下の方向。下向、下段など。
中**ス**に降りる。	州	川の流れに挟まれた土地。中国などでは行政区。州都など。
料理には**ス**が調味料として使われる。	酢	調味料の一つ。酸っぱい。酢酸、酢の物など。
木の枝に鳥の**ス**がある。	巣	動物のすみか。隠れ家。燕巣（えんそう）、巣窟など。
人を**ス**く。	好	好む。よろこぶ。好悪、好感など。
水が**ス**き通る。	透	向こうにあるものが見える。透明、透徹など。
この本を買うように**スス**める。	勧	すすめる。はげます。みちびく。勧誘する。
将棋で歩を前に**スス**める。	進	すすむ。前へ出る。役職が上がる。仕える。進化、進言など。
彼を候補者に**スス**める。	薦	推薦する。
部屋の**スミ**に置く。	隅／角	かくばったものの角の内側。かたすみ。一隅、片隅など。

スミ火でバーベキューをする。	炭	木の燃え残ったもの。木炭。炭化、炭田など。
スミをすって書画を書く。	墨	ススをかためて作ったもの。墨汁（ぼくじゅう）、墨跡など。
宿題はみんな**ス**んだ。	済	終わる。きまりがつく。収まりがつく。返済、経済など。
春から北海道に移り**ス**む予定だ。	住	生活する。長くとどまる。
彼女は**ス**んだ声で人々を魅了した。	澄	濁りのない状態。また、その状態になること。
いつまでも**ス**わりが悪い。	据	動かなくなる。目が据わる。
椅子《いす》に**スワ**る。	座	腰掛ける。地位につく。
試合で弱点を**セ**める。	攻	攻撃する。かかっていくこと。
人の非を**セ**める。	責	とがめたり、非難すること。苦痛を与えること。
道に**ソ**ってまっすぐ行く。	沿	川や道の縁。またはそこを進むこと。沿道、沿海など。
赤ん坊は親に寄り**ソ**って眠る。	添	そえる。付け加える。添加、添付など。
神棚に御神酒《おみき》を**ソナ**える。	供	神仏に対して物などを差し上げること。

動物は冬に**ソナ**えて毛が生え替わる。	備	準備する。
桜が咲き**ソ**める。	初	始め。し始める。初春、初学など。
布地を紫に**ソ**める。	染	布を液に浸して色や模様を付ける。汚れる。染色、汚染。
体を**ソ**らせてあくびをした。	反	体を背のほうに曲げる。
音信が**タ**える。	絶	たちきる。きわめて。絶食、絶景など。
ステンレスはよく腐食に**タ**える。	耐	持ちこたえる。耐火、耐久など。
寒心に**タ**えない。	堪	こらえる。がまんする。堪忍(かんにん)など。
道順を**タズ**ねた。	尋	調べる。探す。問う。尋問など。
先生のお宅を**タズ**ねた。	訪	訪れる。訪問など。
真意を**タダ**す。	質	問うて確かめる。質疑、質問など。
襟を**タダ**す。	正	正しくする。正装、正義など。
不正を**タダ**す。	糺／糾	過ちの有無を追及する。糺明(きゅうめい)など。

時が**タ**つのは速い。	経	時が経過する。
ビルが**タ**つ。	建	建造物が新たにつくられる。
布地をはさみで**タ**った。	裁	衣服を仕立てるために布地をたちきること。
敗軍の将は自ら命を**タ**った。	絶	絶ちきること。「断」を当てる場合もある。
酒を**タ**ってひとつきになる。	断	断ち切る。滅ぼす。やめる。断罪、断酒など。
空港を**タ**ってから一時間になる。	発	出発する。出港など。
廊下に**タ**たされる。	立	まっすぐに立っている。定める。立脚、立案など。
箱を**タナ**に載せる。	棚	ものを載せるために板などを渡したもの。棚田など。
江戸時代、間借り人を**タナ**子といった。	店	商品などを売る場所。店頭、商店など。
この一杯が**タマ**らない。	堪	「たまらない」は堪えることができない。堪忍(かんにん)など。
お金が**タ**まらない。	貯	金銭を蓄えること。
水が**タ**まる。	溜	水やものが一箇所に集まり、とどまること。

デパートは駅にチカい。	近	時間的、空間的に隔たりが小さい。親近、近代など。
たばこをやめるとチカいを立てた。	誓	神仏の前で固く約束する。誓願、誓文など。
剣道の試合で竹刀《しない》でツいた。	突	突き出す。急に。突貫、突発など。
狐がツいた。	憑	鬼神などが乗り移る。たたる。憑依(ひょうい)など。
このたび社長の職にツきました鈴木です。	就	職に就く。就職など。ある位置に身を置く。
東京駅にツいた。	着	到着する。
ため息をツいた。	吐	口から出す。
やっとすし職人として板にツいてきた。	付	二つのものが離れない状態になる。付着、添付など。
家業をツぐ。	継	継承する。絶えないように続けて行う。
鈴木君は、高橋さんにツいでよい成績だ。	次	宿り。二番目の。次いで。次席、次第など。
ツぎ木をする。	接	つなぎ合わせる。
お茶をツぐ。	注	そそぐ。

紙で人形を**ツク**る。	作	つくる。振る舞い。工作、動作など。
ダムを**ツク**る。	造	(比較的大きなものを)つくる。建設する。造営、構造など。
キュウリに塩をまぶしてから**ツ**ける。	漬	浸す。つける。漬け物など。
切手を**ツ**けて手紙を出して来て。	付	二つのものが離れない状態になる。付着、添付など。
父は商社に**ツト**めている。	勤	仕事に従事する。仏事を行う。
高原の療養所で養生に**ツト**めたい。	努	努力する。
高校では生徒会長を**ツト**めた。	務	役目に当たる。任務、義務など。
将棋《しょうぎ》で王将を**ツ**んだ。	詰	行き着く。終わる。
トレーニングを**ツ**んで、試合に臨む。	積	物を重ねる。ひとつのことを繰り返す。
一輪のバラを**ツ**んできた。	摘	指先ではさみとる。はさみなどで切り取る。摘果など。
数学の問題を**ト**く。	解	解き明かす。切り離す。解明など。
人々に真理を**ト**く。	説	主張する。説明する。

どんな難問でも**ト**ける。	解	分かる。分ける。見通し。解答、分解、見解など。
寒さが**ト**ける。	融	融ける。融解、融合など。
氷が**ト**ける。	溶	固体が液体になる。
部屋を**トトノ**える。	整	きちんとそろえる。整数、整理など。
料理の材料を**トトノ**える。	調	必要なものをそろえる。
跳び箱を**ト**ぶ。	跳	はね上がる。越える。跳躍など。
鳥が空を**ト**ぶ。	飛	空を飛ぶ。勢いよく飛ばす。飛散、突飛など。
野球チームの連勝が**ト**まった。	止	とまる。やめる。停止、止血など。
車が家の前に**ト**まった。	停	長くそのままの状態にいる。停泊、停滞など。
友人の家に**ト**まった。	泊	とどまる。宿る。停泊、宿泊など。
赤い表紙の本に目が**ト**まった。	留	とめる。とどめる。後に残る。留意、留任など。
家臣は主人のお**トモ**をして出かけた。	供	付き従う。提供など。

トモに正義のために戦おう。	共	一緒。共同、共和など。
困ったときの**トモ**こそが大事だ。	友	友だち。友人、親友など。
多数決を**ト**る。	採	選びとること。取り出すこと。採用する。
写真を**ト**る。	撮	写真、映画をとる。
筆を**ト**る。	執	手に持つこと。処理をすること。
卒業しても連絡を**ト**り合おうね。	取	手に入れる。
ネズミを**ト**る。	捕	追いかけて捕まえる。
ビデオに**ト**る。	録	録画、録音する。
故障した時計を**ナオ**しに行く。	直	まっすぐ。まっすぐにする。正しい。直線、正直など。
風邪《かぜ》が**ナオ**った。	治	なおす。おさめる。政治、治安など。
机の**ナカ**に筆箱がある。	中	なか。中央。中座、中興など。
あの二人は**ナカ**がいい。	仲	真ん中。人と人との関係。仲秋、仲人(なこうど)、仲間など。

末**ナガ**く健康でありますように。	永	永久に続く。
ナガいトンネルを越えた。	長	長い。長さ。年上。長久、年長など。
子どもの**ナ**き声が聞こえた。	泣	人がなく。
犬の**ナ**き声が聞こえた。	鳴	動物や虫がなく。
ナす術もない。	為	行う。行為。
ナす時の閻魔《えんま》顔。	済	借りたものを返す。文例は、借金返済時に不機嫌な顔をすることの例え。
偉業を**ナ**しとげた。	成	しあげる。完成させる。
子まで**ナ**した仲だ。	生	産む。
海岸に**ナミ**が打ち寄せる。	波	波。波状のもの。波頭、波長など。
ナミ木道を歩く。	並	並ぶ。並行、並置など。
前例に**ナラ**って裁定を下す。	倣	まねる。模倣など。
子どもは親に**ニ**る。	似	似せる。類似、相似など。

芋をニる。	煮	煮る。煮沸、雑煮など。
心地よい笛のネ。	音	おと。音楽。音訓、音節など。
舌のネも乾かぬうちに違うことを言う。	根	根っこ。もと。よりどころ。根幹、根拠など。
米のネが高くなった。	値	値打ち。値。価値、数値など。
ベッドにネる。	寝	寝る。寝台、寝室など。
散歩しながら考えをネる。	練	こねる。工夫する。練習、訓練など。
会期がノびる。	延	長引く。おくれる。延ばす。延期する。
実力がノびる。	伸	まっすぐになる。長くなる。伸張する。
太陽がノボって辺りが明るくなった。	昇	状態などが上へ行く。上昇する。昇級、昇降など。
その戦争では死者が一万人にノボっている。	上	上へ行く。数量が達する。
富士山にノボる。	登	山など高いところに行く。
新聞に記事がノる。	載	掲載される。

自動車に**ノ**る。	乗	乗り物、馬などに乗る。乗車、乗馬など。
包丁の**ハ**を研ぐ。	刃	やいば。刀の刃。切る。刃傷、凶刃など。
ハの浮くような話。	歯	多くの動物の口の中に生える、食物をかみ砕くときなどに使われる一器官。
山の**ハ**が明るくなってきた。	端	はし。へり。端緒、端倪(たんげい)など。
舞踊は序**ハ**急が大事だ。	破	「序」「破」「急」は日本の音楽、舞踊などの構成における三段階。
植物の**ハ**では光合成が行われている。	葉	一般に炭水化物をつくる働きをする平たい植物の一器官。
髪の毛が**ハ**える。	生	芽が出る。育つ。生長する。なま。生業、生気など。
その帽子は洋服に良く**ハ**える。	映	調和している。
ハえある優勝を飾った。	栄	目立って見える。栄誉、栄冠など。
所要時間を**ハカ**った。	計	数や時間を調べる。予測する。
議案を委員会に**ハカ**った。	諮	相談する。
問題の解決を**ハカ**る。	図	工夫する。図案、図画、意図など。

公園の面積を**ハカ**る。	測	長さや面積をはかる。
信用していたのに、まんまと**ハカ**られる。	謀	（悪事などの）はかりごとをめぐらす。だます。欺く。
体重を**ハカ**る。	量	重さや量をはかる。
家の前を**ハ**く。	掃	掃除をする。ほうきなどで掃き清める。掃射、掃海など。
唾《つば》を**ハ**く。	吐	口から出す。吐露、吐血など。
靴を**ハ**く。	履	身に付ける。靴を履く。行う。履修、履行など。
図書館に**ハジ**めてきた。	初	最初。初回、初心など。
図書館で本の貸し出しを**ハジ**めます。	始	開始されること。
桜の**ハナ**が咲いた。	花	草木の花。美しいもののたとえ。開花、花火など。
ハナが利く。	鼻	においを感じるための器官。鼻腔、鼻柱など。
ハナやかに舞踏会が開かれた。	華	華やか。華美、栄華など。
朝**ハヤ**く出かける。	早	時刻や時期が早いこと。早朝、早退など。

イルカはとても**ハヤ**く泳ぐ。	速	速度が速いこと。快速、風速など。
郊外の**ハラ**を歩く。	原	おおもと。原野。原因、原作など。
ハラを決める。	腹	おなか。中央部。山腹、腹案など。
部屋に**ヒ**が差す。	日	太陽の光線。一日。日課、日常など。
ヒが燃える。	火	光と熱を出しながら燃えているもの。火炎、火急など。
ヒがともる。	灯	ともしび。灯台、行燈など。
財産が**フ**える。	殖	財産などが多くなる。利殖、養殖など。
水が**フ**える。	増	数や数量が多くなる。増加、増大など。
先輩風を**フ**かす。	吹	息を吐くこと。吹奏など。
溶岩を**フ**き上げている。	噴	勢いよく外に出ること。噴出など。
今夜は雪が**フ**るそうだ。	降	雨などが落ちてくる。降雨など。
危ないから小刀を**フ**るのはやめなさい。	振	揺り動かす。

フルって参加する。	奮	さかんに勇み立つ。
寒くて**フル**える。	震	ふるえる。地震、震撼（しんかん）など。
月日を**ヘ**る。	経	時などが経つ。経過、経歴など。
雨が降らないのでダムの水が**ヘ**った。	減	数や量などが少なくなる。減少、減量など。
トンネルを**ホ**る。	掘	地面などを掘る。掘削など。
木を**ホ**って熊の置物を作る。	彫	木などに文様などを彫る。彫刻、彫像など。
ミカンとリンゴを**マ**ぜて贈った。	交	二つ以上のものが加わるとき、形などが変わらずに見える。
お湯に水を**マ**ぜてぬるくする。	混	二つ以上のものが加わるとき、形などが変わって見える。
彼は**マル**い性格をしている。	円	円形である。円満である。
衛星はほぼ**マル**い形をしている。	丸	球形である。
この強風では火事になると火の**マワ**りが早い。	回	まわること。
校庭の**マワ**りには桜の木が植えられている。	周	周囲。周辺。

医者が患者を**ミ**る。	診	病気などを診断する。診察、往診など。
窓から外を**ミ**る。	見	見る。明らかにする。見学、見解など。
春になって草の**メ**が出てきた。	芽	草木の芽。発芽、萌芽など。
メは口ほどにものを言う。	目	視覚器官。目下、目撃など。
法律の**モト**で暮らす。	下	した。もと。低いところ。底。下に向かう。下方、低下など。
火の**モト**には気をつけている。	元	起源、原因を示すときは「元」を使う。
けんかの**モト**を問いただす。	本	原因。根本。木の根や幹のこと。
法律に**モト**づいて判決を下す。	基	もとい。土台。よりどころ。始め。基礎など。
彼は何**モノ**だ。	者	人物をさす言葉。
モノを買う。	物	さまざまなもの。物品、物資など。
この問題は**ヤサ**しい。	易	たやすい。容易、簡易。
心根の**ヤサ**しい人だ。	優	やさしい。秀でる。優秀、優越など。

宿敵を**ヤブ**った。	破	競い合った相手を倒すこと。こわれたり、くだけたりすること。
決勝で**ヤブ**れて二位となった。	敗	戦いや勝負に負けること。
雨が**ヤ**む。	止	止まる。やむ。止宿、抑止など。
そんなに気に**ヤ**むことはない。	病	わずらう。悩む。病身、病魔など。
見方に**ヨ**っては、こちらも正しい。	依	ありさまに応じて。
居眠りに**ヨ**る交通事故。	因	原因となる。「由る」（由来する意）も○。
法律に**ヨ**って裁かれるべきだ。	拠	根拠、基準として。よりどころ。
この中から不良品を**ヨ**る。	選	えらぶ。「択る」とも書く。
意見が**ワ**かれる。	分	分ける。分かれる。分身、分掌など。
ケンカが原因で彼女と**ワカ**れる。	別	別れる。違い。遠ざかる。別格、識別など。
剣道の**ワザ**を磨く。	技	技術、武道などに用いられることが多い。
あの軽**ワザ**師の離れ**ワザ**はすごい。	業・業	しわざ。おこない。なりわい。

漢字を読む

◆太字になっている漢字の読み方を平仮名で書きましょう。
【　】内に指示がある場合があります。

愛嬌を振りまく。	あいきょう	よい感じを与えるようにふるまうこと。
彼は常に**鷹揚**としている。	おうよう	落ち着いているさま。
従容として死に赴く。	しょうよう	落ち着いた様子。
自転車に**颯爽**と乗る。	さっそう	勇ましくさわやかな様子。
二人の剣の腕前は**伯仲**している。	はくちゅう	優劣が付けにくいこと。
黎明にニワトリが鳴いた。	れいめい	夜明け。
大願が**成就**した。	じょうじゅ	目標をかなえること。
中庸を得た行動。	ちゅうよう	偏らず中正であること。
この**時化**では船は出せない。	しけ	風雨のために海が荒れること。
風邪《かぜ》を引いたので**解熱**剤を飲んで寝た。	げねつ	病気で高くなった体温を下げること。
寝不足でつい**欠伸**をかいた。	あくび	疲れたときなどに起きる不随意的な呼吸。
訃報に接する。	ふほう	悲しい知らせのこと。

祖母が**傘寿**をむかえた。	さんじゅ	八十歳の異称。傘の字に「八十」が含まれる。
力は彼に**匹敵**する。	ひってき	能力などが同等であること。
説明を受けてなるほどと、**得心**がいった。	とくしん	納得する。
合点。【「がってん」以外の読みで】	がてん	納得がいく。「合点がいく」は「がてんがいく」。
公金を横領して**失踪**した。	しっそう	逃げて、姿をくらますこと。
すべてを捨て、故郷を**出奔**した。	しゅっぽん	逃げて、姿をくらますこと。
大胆な行動をとった。	だいたん	度胸があり、ものごとに動じないさま。
勝つと負けるとでは**雲泥**の差だ。	うんでい	天と地のように、大きくかけ離れていることの例え。
居候なので、遠慮する。	いそうろう	他人の家に寄食する人。
反乱軍がその町を**席捲**した。	せっけん	むしろを巻くように領土を片っ端から攻めること。勢力を広げること。
修行に励んで精神を**陶冶**する。	とうや	性質や能力を上手に育てること。
この**桎梏**から解放されたい。	しっこく	制限などで自由にさせないこと。

機密が**漏洩**した。	ろうえい	水や情報などが漏れ出ること。
神様のご**利益**を祈った。	りやく	神仏による恩恵や福。
この神社は**霊験**あらたかだそうだ。	れいげん	神仏による恩恵や福。
逐次、進めてまいります。	ちくじ	順を追って行っていくこと。
彼は食通だが、**左党**ではない。	さとう	酒が好きな人。
彼の**手際**で仕事がはかどった。	てぎわ	手腕。技量。よいできばえ。
お寺の鐘を**叩**く。	たた	手などで打つ。
黄泉の国へ旅立つ。	よみ	死者が行くと言われる国。
遺言。【「ゆいごん」以外の読みで】	いごん	死に臨んで言い残すこと。法律用語。
今年の優勝も**磐石**だ。	ばんじゃく	重い岩のように揺るぎない。
委嘱されてことに当たる。	いしょく	仕事などを任せること。
この計画には**緻密**さが必要だ。	ちみつ	細部まで注意が行き届いている。

その生じてきたところの**所以**は……。	ゆえん	根拠、理由、わけ。
いつもの自慢話には**辟易**する。	へきえき	困惑し、うんざりすること。
彼の**翻意**をうながさなければならない。	ほんい	考え、決心を変えること。
薩摩《さつま》兵が**禁裏**警護の任に就いた。	きんり	皇居の異称。
はしかが**蔓延**し始めた。	まんえん	広がること。はびこること。
図書館の建設が順調に**進捗**している。	しんちょく	工事などが順調に進むこと。
公務員の**罷免**を要求する。	ひめん	公職をやめさせること。
いじめた子どもを**諭**す。	さと	言い聞かせる。
人を**侮**ってはいけない。	あなど	見た目で相手を軽く見て対処すること。
旅館を**営**んでいる。	いとな	経営している。
急な**勾配**の坂だ。	こうばい	傾きのこと。
十年ぶりの**邂逅**だ。	かいこう	偶然、出会うこと。

秋も深まれば山頂は**錦繍**におおわれる。	きんしゅう	金銀で刺繍（ししゅう）などをほどこした織物。
地震に**慌**てて家を飛び出した。	あわ	驚いてあたふたする。
人を**拉致**する。	らち	強引に連れて行くこと。
失敗を**懸念**している。	けねん	気がかりで思いわずらうこと。
既往症を確かめる。	きおう	過ぎたこと。「既往症」は以前にかかったことのある病気。
草履《ぞうり》の**鼻緒**がとれた。	はなお	下駄（げた）や草履（ぞうり）の足の指ではさむ部分。
奥義。【「おうぎ」以外の読みで】	おくぎ	奥深い事柄。極意。「奥義を究める」は「おうぎ」。
小さな故障が大事故を**惹起**した。	じゃっき	引き起こすこと。
講演を**抄録**して本にまとめた。	しょうろく	一部分を抜き出して記録すること。
狡猾な言動には腹が立つ。	こうかつ	悪賢いこと。
彼は**老獪**な政治家だ。	ろうかい	悪賢いこと。
友達を叩《たた》いた子どもを**叱**る。	しか	悪い言動をとがめ責める。

子どもの**悪戯**だからとみすごせない。	いたずら	わるふざけ。
惜別の杯を酌み交わした。	せきべつ	別れをおしむこと。
若人の祭典が開かれた。	わこうど	若者。青少年。
収賄の疑いで逮捕された。	しゅうわい	賄賂（わいろ）を受け取ること。
日ごろから**訓練**を欠かさない。	くんれん	練習すること。
理科室で**実験**をした。	じっけん	理論や仮説が正しいかどうかを確かめること。
今日の勝利で**溜飲**を下げた。	りゅういん	溜飲は消化不良で胃にたまる液。「溜飲を下げる」は、胸がすくという意味。
思わぬ優勝に**呆然**としてしまった。	ぼうぜん	予想外のできごとに我を忘れてしまうこと。
生まれついての**粗忽**者で。	そこつ	よく考えないさま。軽はずみなこと。
有識者会議に**諮問**する。	しもん	有識者や機関に問い尋ねること。
任務を**遂行**する。	すいこう	やりとげること。
事件の**発端**はそれだった。	ほったん	ものごとの始まり。きっかけ。

いつまでも**愚図愚図**するな。	ぐずぐず	ものごとがなかなか決まらないこと。だらしないこと。
煩雑な作業に取り組む。	はんざつ	ものごとがこみいって、わずらわしいさま。
結婚式は**佳日**に行う。	かじつ	めでたい日。
指先の**感覚**がない。	かんかく	目、耳、皮膚などから受ける感じ。感じること。
それでは話が**逆様**だ。	さかさま	向きが反対であること。
さすがに**老舗**の味はすばらしい。	しにせ	昔から続いている店。
人間は考える**葦**である。	あし	水辺に生える、高さ二メートルに達する多年草。文例はパスカルの言葉。
天晴れな手柄を立てた。	あっぱ	みごとなこと。
ご協力を**衷心**より願っています。	ちゅうしん	まごころ。
池で**家鴨**が泳いでいる。	あひる	マガモを家畜として飼いならした種。
僅差で負けてしまった。	きんさ	ほんのわずかの差。
秋刀魚の塩焼きが大好物です。	さんま	細長く、青藍色の背をした魚。秋の季語。

牧羊が草を食べている。	ぼくよう	牧場で飼われている羊。
別のものに**代替**すればよい。	だいたい	ほかのものを代わりにすること。
自分自身をあまり**卑下**しないで。	ひげ	へりくだること。
自由研究の**題目**を決める。	だいもく	文章やレポートのテーマ。主題。
寒いから**懐炉**を忘れるなよ。	かいろ	懐にしのばせる暖房具。近年は化学反応を利用したものがほとんど。
釈迦《しゃか》三尊像の**光背**に特徴がある。	こうはい	仏像の背後につけられた装飾。光明をあらわしている。後光。
阿修羅のような表情だ。	あしゅら	戦いを好むといわれる神。仏教に取り入れられ護法神となった。
サンプルを街頭で**頒布**する。	はんぷ	広めるために配ること。
花嫁のお**披露目**が楽しみだ。	ひろめ	披露すること。
この**疾病**には保険が支払われます。	しっぺい	病気。疾患。
君を**見損**なったよ。	みそこ	評価を誤ること。
友情に**亀裂**が入ってしまった。	きれつ	ひびが入ること。

まるで**猜疑心**のかたまりだ。	さいぎしん	人を疑う心。
あの男は**気障**なやつだ。	きざ	人に悪い印象を与えるような気取り。
朝の**挨拶**をかわした。	あいさつ	人と会ったとき、わかれるときにかわす儀礼。
都会の**雑踏**に故郷のなまりを探した。	ざっとう	人混み。
交渉は**妥当**な線でまとまった。	だとう	判断や処理が適切であること。
紅葉が**時雨**にあらわれている。	しぐれ	晩秋から初冬のころに、ふったりやんだりする雨。冬の季語。
借金の返済を**催促**する。	さいそく	早くするようにせかすこと。
蜘蛛の子を散らすようにいなくなった。	くも	八本の足をもつ節足動物。
士気を**鼓吹**する。	こすい	はげまし、勢いをつけること。
演奏に**感動**した。	かんどう	はげしく心を揺さぶられること。
ものすごい**形相**で迫ってきた。	ぎょうそう	激しい感情が表れた表情。とくに恐ろしい表情をいう。
緩慢な対応に抗議が集まった。	かんまん	のろのろとしていること。しまりのないこと。

けが人を**担架**で運ぶ。　たんか　二本の棒に布をわたした、病人やけが人を運ぶ道具。

荷物を**梱包**する。　こんぽう　荷造りすること。

家族は**母屋**で生活している。　おもや　日常生活に用いられる主たる建物。離れなどに対していう。

砂上の**楼閣**だ。　ろうかく　何層かを重ねた高い建物。砂上の楼閣は実現しそうもない計画のたとえ。

潮騒は心を落ち着かせてくれる。　しおさい　波の音。「しおざい」とも読む。

職務の**怠慢**をとがめる。　たいまん　なまけること。やるべきことをおこたること。

この薬は**白湯**で飲んでください。　さゆ　なにも混ぜない湯。

蚊を**媒介**とした伝染病。　ばいかい　なかだち。

田んぼの中の一本足の**案山子**。　かかし　鳥やけものよけに、田や畑に立てた人形。

桟敷で相撲《すもう》を見物した。　さじき　土間より一段高くした見物席。

悪辣なやり口だ。　あくらつ　とてもたちが悪いこと。

忽然と姿を現した。　こつぜん　突然。

旅先で**土産**を買う。	みやげ	土地の産物。人を訪問するときに持参する贈り物。
師の**薫陶**を受けて成長した。	くんとう	徳で人を感化すること。香の香りをしみこませることがもとの意味。
先祖を**供養**する。	くよう	読経などによって死者の霊をなぐさめ、冥福（めいふく）を祈ること。
入国の際に**検疫**を受ける。	けんえき	伝染病の有無を検査すること。
この試合は決勝戦の**前哨**戦だ。	ぜんしょう	手始めに行われる戦い、行動。
被害は**激甚**だ。	げきじん	程度が激しいこと。
高尚な趣味をお持ちですね。	こうしょう	程度が高いこと。
新しい会社では**厚遇**されている。	こうぐう	手厚くもてなすこと。
その話は**矛盾**している。	むじゅん	つじつまが合わないこと。
今年は**閏年**です。	うるうどし	地球の公転と日時のずれを調節するための閏日（うるうび）がある年。
試合は**拮抗**して勝敗は予測できない。	きっこう	力がほぼ同じで、簡単に決着がつかないこと。
不祥事を起こして**左遷**された。	させん	地位を落とされたり、遠方へ赴任させられること。

彼は腕の良い**指物師**だ。	さしものし	箪笥（たんす）、机などの木工製品を作る職人。
君は精神において**弛緩**している。	しかん	たるんでいること。緊張感が失われているさま。
ここで**躊躇**してはだめだ。	ちゅうちょ	ためらうこと。
妻は夫に**愛想**をつかして家を出た。	あいそ	他人によい感じを与える態度や親しみの気持ち。
団扇であおぐ。	うちわ	竹の骨に紙などを張り、風を起こす道具。
生真面目な性格が長所でも短所でもある。	きまじめ	たいへん真面目であること。
姑息な手段にうったえる。	こそく	その場しのぎであること。
氏神様にお参りをした。	うじがみ	その土地の鎮守の神。一族の祖先を祭った神。
森の中で**郭公**が鳴いている。	かっこう	「カッコー」と鳴く鳥の名前。
第一次世界大戦が**勃発**した。	ぼっぱつ	戦争や事件が起こること。
香りの成分を**抽出**する。	ちゅうしゅつ	成分や標本を抜き出すこと。
商品の流通に**仲買**はかかせない。	なかがい	生産者と問屋、あるいは問屋と消費者の間に立って取引をする人。

脱兎の勢いでとびだした。	だっと	すばやく行動するさま。
窓から通りを**垣間見**た。	かいまみ	すきまからのぞくこと。
給与は**歩合**制となっている。	ぶあい	数量や金額の割合。また、取引のそれに応じて支払われる報酬。
彼は二十年来の**知己**だ。	ちき	親友。知人。
本の最初には**緒言**が載っている。	しょげん	序言、まえがき。「ちょげん」とも読む。緒＝始め。
紫陽花の花が雨にぬれている。	あじさい	初夏のころ、青や紫の花をつける、ユキノシタ科の低木。
コンビニは**小売**業界を大きく変えた。	こうり	商品を仕入れ、消費者に販売すること。
本は**取次**を経由して書店の店頭に並ぶ。	とりつぎ	商品などを取り次ぐことを生業とする人。とくに雑誌、書籍の流通を行う人。
正月は**雑煮**を食べる。	ぞうに	正月に食べる、餅（もち）、野菜、鶏肉などを使った汁。
旅の**支度**は整った。	したく	準備。
健気な心がけだ。	けなげ	殊勝なこと。懸命に努めるさま。
彼に言わせると悪の**枢軸**だそうだ。	すうじく	車軸の意から、活動の中心をさす。

松坂牛の**霜降**肉は最高だね。	しもふり	霜降肉は適度に脂が混じった肉。霜が降りたような状態を霜降という。
地団太を踏んでくやしがった。	じだんだ	地面を踏みつけるほどくやしがる様子。
せんべいが**湿気**てしまった。	しけ	しめり気を帯びること。
肉は好きだが、**脂身**は苦手だ。	あぶらみ	脂肪が集まっている部分。
温泉宿に湯治で**逗留**した。	とうりゅう	しばらくとどまること。
同じことを**執拗**に繰り返す。	しつよう	しつこい。
堅固な建物だ。	けんご	しっかり丈夫なこと。
七夕は晴れますように。	たなばた	七月七日。五つの節句の中の一つ。
大仏殿を**建立**する。	こんりゅう	寺院、堂塔を建築すること。
書類に領収書を**添付**する。	てんぷ	参考にしたり補うため、ものを添えること。
恒例の**観桜**会が開かれた。	かんおう	桜を観賞すること。
結局、最初の方法になった。	けっきょく	最後には。

売値を確かめる。	うりね	財貨を売り渡すときの価格。
もう少しの**辛抱**だ。	しんぼう	こらえること。
小春日和で少し暖かい。	こはるびより	小春日和は冬の季語。初冬の少し暖かい日和をいう。
稚拙な文章で恥ずかしい。	ちせつ	子どものように幼く、下手であるということ。
税金の無駄遣いには**唖然**とさせられる。	あぜん	言葉を失うほどあきれてしまうこと。
古来から**言霊**信仰があった。	ことだま	言葉に宿っていると信じられた霊魂。
結果に**拘泥**しすぎないほうがよい。	こうでい	こだわること。
防人として九州に送られた。	さきもり	古代、北九州防衛のために東国で徴発された兵士。
香辛料をたくさん使った料理。	こうしん	胡椒（こしょう）などの調味料。
性懲りもなく繰り返す。	しょうこ	心から懲りること。
まさに**正念場**だ。	しょうねんば	ここという大切な場面。
若い**息吹**を感じる。	いぶき	呼吸。また、活動する気配。

強談判に及んだ。	こわだんぱん	強引な談判。
戸籍**謄本**を取りにいく。	とうほん	原本を写し取った文書。「抄本」は一部の抜き書き。
ビルが**竣工**した。	しゅんこう	建設、工事が完了すること。
じつに**殊勝**な心がけだ。	しゅしょう	けなげなこと。神妙なこと。すぐれていること。
メガネで視力を**矯正**する。	きょうせい	欠点、ゆがみなどを正しくすること。
石油の確保に**狂奔**する。	きょうほん	くるったように走り回ること。
小豆をたっぷり使ったあんこが大好物です。	あずき	暗赤色をした食用豆。あんに加工するほか、もちなどに入れられる。
供養の**散華**をする。	さんげ	供養のために花をまくこと。また、声明の一種。散華を戦死とするのは誤用。
阿吽の呼吸をみせた。	あうん	阿は口をあけて発する音、吽は口を閉じて発する音。呼気と吸気。
仕事が**一段落**した。	いちだんらく	区切りがつくこと。「ひとだんらく」は誤読。
お寺の**境内**で遊んだ。	けいだい	区域内。とくに寺社の敷地内をいう。
そのやり方はご**法度**だ。	はっと	禁止令。広く法律を意味することもある。

内弁慶だから外に出ると**意気地**がなくて。	いくじ	気力。
霧雨ですっかり濡れてしまった。	きりさめ	霧のようにこまかい雨。
三位一体の改革。	さんみ	キリスト教の神、キリスト、精霊の三つの位格。本来同一とされる。
魚河岸の朝は早い。	うおがし	魚介類を取引する市場。
首相は昨夜**急逝**されました。	きゅうせい	急に亡くなること。
毎年**恒例**の行事です。	こうれい	決まって行われること。
残業には**手当**が支払われる。	てあて	基本的な給与のほかに支給される報酬。
彼はあれでもお**洒落**をしているのだ。	しゃれ	気の利いた身なりをしようとすること。
権力に**阿**るのはいけない。	おもね	気に入られようとこびる。
そのひと言が仲直りの**端緒**となった。	たんしょ	きっかけ。いとぐち。「たんちょ」は慣用的な読み方。
将来を**嘱望**されている。	しょくぼう	期待すること。
あの新発見も実は**怪我**の功名だった。	けが	傷つくこと、過失。「怪我の功名」は過失が逆によい結果を生んだという意味。

避難する場所を確保する。
ひなん
危険を避けて逃げること。

貸付の金利は重大な関心事だ。
かしつけ
期限や利子などを定め、金銭、権利などを貸すこと。

温泉が近いからか**硫黄**のにおいがする。
いおう
黄色い結晶をつくる非金属元素。

前代**未聞**の事件だ。
みもん
聞いたことがないこと。

所轄の警察署に出頭した。
しょかつ
管轄すること。

一点差で**辛勝**した。
しんしょう
からくも勝ちを収めること。

憮然とした表情。
ぶぜん
がっかりしたさま。

その会社では制服が**貸与**される。
たいよ
貸し与えること。

官庁が情報を**秘匿**してはだめだ。
ひとく
隠しておくこと。

奨学金を受けて大学を卒業した。
しょうがく
学業を続けるために支給あるいは貸与されるお金。

孫を膝《ひざ》に乗せ、**相好**を崩した。
そうごう
顔つき。とくにうれしげな表情をいう。

彼女は美しい**容姿**にめぐまれている。
ようし
顔立ちと体つきのこと。

庭の**楓**が色づいた。
かえで
秋に紅葉する落葉樹。

胃潰瘍に悩まされている。
いかいよう
潰瘍はただれのこと。胃潰瘍は胃壁にできたただれ。

大型店舗に**蚕食**された。
さんしょく
蚕が桑の葉を食べるように、他の領域を侵すこと。

不肖私が幹事を務めさせていただきます。
ふしょう
親に似ず出来が悪いということ。自分自身の謙譲表現。

京都の町並みは**風情**がある。
ふぜい
おもむき。

シーザーは**非業**の最期をとげた。
ひごう
思いもかけないこと。

大声を出して**威嚇**する。
いかく
おどすこと。

温厚な紳士である。
おんこう
穏やかでまじめなこと。

横柄な態度をとる。
おうへい
おごりたかぶっていること。無礼な態度。

厳粛な雰囲気につつまれた。
げんしゅく
おごそかで、静かなこと。

天火で洋食を作る。
てんぴ
オーブンのこと。

失恋して**号泣**した。
ごうきゅう
大声で泣くこと。

必ずやってみせると**大言**する。	たいげん	大きなこと、大げさなことを言うこと。=高言。
暫定的な処置にとどめる。	ざんてい	応急的に行うこと。正式な決定までの間、仮に定めること。
ハロウィンに**南瓜**はかかせない。	かぼちゃ	ウリ科の野菜。カンボジアから伝来したので南の瓜と書く。
元気な**産声**をあげた。	うぶごえ	生まれてすぐに発する泣き声。
そう人を**虚仮**にするものではない。	こけ	内と外が違うこと。「虚仮にする」は、ばかにすること。
ここに**捺印**してください。	なついん	印をおすこと。
代金を銀行**振替**で支払った。	ふりかえ	入れ替えること。帳簿上のやり取りで決済すること。
相手にとっては**脅威**だろう。	きょうい	威力でおびやかすこと。
大部屋で**雑魚寝**をした。	ざこね	入り混じって寝ること。
銀杏を拾い集めた。	ぎんなん	イチョウ（銀杏）の実。
大晦日にはそばを食べるものだ。	おおみそか	一年の最後の日。十二月三十一日。
雨にぬれた**石畳**の道はいいものだね。	いしだたみ	石を敷きつめたところ。

若干、そのような傾向がある。	**じゃっかん**	いくらか。少しばかり。
待遇の悪いホテル。	**たいぐう**	ある条件で人に対応したり、もてなすこと。
請負業者を入札で決めた。	**うけおい**	ある仕事の一部、またはすべてを責任を持って引き受けること。
資金は**潤沢**である。	**じゅんたく**	ありあまるほど豊かなこと。
胡麻は健康にいいらしい。	**ごま**	アフリカ原生とされる一年草。その実を食用とするほか、しぼって油をとる。
赤魚鯛は煮つけがうまい。	**あこうだい**	鮮やかな赤色をし、鯛（たい）に似た魚。
秋雨が降り続いている。	**あきさめ**	秋に降る雨。とくに九月ごろの長雨をいう。
群青の空に白い雲が浮かぶ。	**ぐんじょう**	青色の顔料。鮮やかな藍青色。
問題が**有耶無耶**になってしまった。	**うやむや**	曖昧（あいまい）なこと。ものごとの処理がいい加減なこと。
何時でもおいでください。	**いつ**	「何時でも」は「どんなときでも」。
今思えばこの前見た夢は**正夢**だった。	**まさゆめ**	現実になった夢のこと。
五月に咲く花といえば**燕子花**が有名だ。	**かきつばた**	湿地などに咲く多年草。「杜若」とも書く。

漢字の送りがな

◆（　）内の漢字に平仮名で送りがなをつけましょう。

あがなう（贖）	贖う	動詞・形容詞・形容動詞などの活用語などの活用語は活用語尾を送りがなとするのが原則。
あからむ（明）	明らむ	送りがなの規則に当てはまらない語。そのまま覚える。
あかるい（明）	明るい	送りがなの規則に当てはまらない語。そのまま覚える。
あかるみ（明）	明るみ	活用語に「さ」「み」「げ」などが付いてできた名詞。もとの語「明るい」に合わせて送る。
あきらか（明）	明らか	「か」「やか」「らか」で終わる形容動詞は、「か」「やか」「らか」から送る。
あくる年（明）	明くる年	副詞、連体詞、接続詞は最後の音節を送るのが原則だが、これは例外。
あじわう（味）	味わう	送りがなの規則に当てはまらない語。そのまま覚える。
あずかる（預）	預かる	別な読みに「預ける」があるので、活用語尾ではなく、「あず」を漢字に当てる。
あせばむ（汗）	汗ばむ	名詞「あせ」を含むので「あせ」を漢字に当てる。
あたたかだ（暖）	暖かだ	「か」「やか」「らか」で終わる形容動詞は、「か」「やか」「らか」から送る。
あたためる（暖）	暖める	動詞・形容詞・形容動詞などの活用語は活用語尾を送りがなとするのが原則。
あたり（辺）	辺り	名詞は原則として送りがなを付けないが、例外として最後の一字を送る。

あたる（当）	当たる	別な読みに「当てる」があるので、活用語尾ではなく、「あ」を漢字に当てる。
あつさ（暑）	暑さ	活用語に「さ」「み」「げ」などが付いてできた名詞。もとの語「暑い」に合わせて送る。
あつまる（集）	集まる	別な読みに「集める」があるので、活用語尾ではなく、「あつ」を漢字に当てる。
あつらえる（誂）	誂える	動詞・形容詞・形容動詞などの活用語は活用語尾を送りがなとするのが原則。
あぶない（危）	危ない	送りがなの規則に当てはまらない語。そのまま覚える。
あやうい（危）	危うい	送りがなの規則に当てはまらない語。そのまま覚える。
あやしむ（怪）	怪しむ	形容詞「怪しい」があるので、活用語尾ではなく、「あや」を漢字に当てる。
あらい（荒）	荒い	動詞・形容詞・形容動詞などの活用語は活用語尾を送りがなとするのが原則。
あらただ（新）	新ただ	送りがなの規則に当てはまらない語。そのまま覚える。
あらためる（改）	改める	別な読みに「改まる」があるので、活用語尾ではなく、「あらた」を漢字に当てる。
あらたまる（改）	改まる	別な読みに「改める」があるので、活用語尾ではなく、「あらた」を漢字に当てる。
あわただしい（慌）	慌ただしい	「しい」で終わるので「し」から送るのが原則だが、動詞「慌てる」に合わせて「あわ」を漢字に当てる。

あわれむ（哀）	哀れむ	送りがなの規則に当てはまらない語。そのまま覚える。
いきおい（勢）	勢い	名詞は原則として送りがなを付けないが、例外として最後の一字を送る。
いきだ（粋）	粋だ	動詞・形容詞・形容動詞などの活用語は活用語尾を送りがなとするのが原則。
いきどおる（憤）	憤る	動詞・形容詞・形容動詞などの活用語は活用語尾を送りがなとするのが原則。
いきる（生）	生きる	動詞・形容詞・形容動詞などの活用語は活用語尾を送りがなとするのが原則。
いくつ（幾）	幾つ	数をかぞえる「つ」を含む名詞は「つ」を送る。
いこい（憩）	憩い	活用語からつくられた名詞。もとの語「憩う」に合わせて送る。「憩」は許容。
いさぎよい（潔）	潔い	動詞・形容詞・形容動詞などの活用語は活用語尾を送りがなとするのが原則。
いざなう（誘）	誘う	動詞・形容詞・形容動詞などの活用語は活用語尾を送りがなとするのが原則。
いさましい（勇）	勇ましい	「しい」で終わるので「し」から送るのが原則だが、動詞「勇む」に合わせて「いさ」を漢字に当てる。
いそがしい（忙）	忙しい	「しい」で終わる形容詞は、「し」から送るのが原則。
いちじるしい（著）	著しい	「しい」で終わる形容詞は、「し」から送るのが原則。

いつくしむ（慈）	慈しむ	送りがなの規則に当てはまらない語。そのまま覚える。
いとおしげ（愛）	愛おしげ	活用語に「さ」「み」「げ」などが付いてできた名詞。もとの語「愛おしむ」に合わせて送る。
いとなむ（営）	営む	動詞・形容詞・形容動詞などの活用語は活用語尾を送りがなとするのが原則。
いまわしい（忌）	忌まわしい	「しい」で終わるので「し」から送るのが原則だが、動詞「忌む」に合わせて「い」を漢字に当てる。
いやしめる（卑）	卑しめる	形容詞「卑しい」があるので、活用語尾ではなく、「いや」を漢字に当てる。
いれられる（入）	入れられる	動詞・形容詞・形容動詞などの活用語は活用語尾を送りがなとするのが原則。
うかぶ（浮）	浮かぶ	別な読みに「浮く」があるので、それに合わせて「う」を漢字に当てる。
うけたまわる（承）	承る	動詞・形容詞・形容動詞などの活用語は活用語尾を送りがなとするのが原則。
うごかす（動）	動かす	別な読みに「動く」があるので、活用語尾ではなく、「うご」を漢字に当てる。
うごき（動）	動き	活用語からつくられた名詞。もとの語「動く」に合わせて送る。
うしろ（後）	後ろ	名詞は原則として送りがなを付けないが、例外として最後の一字を送る。
うたがう（疑）	疑う	動詞・形容詞・形容動詞などの活用語は活用語尾を送りがなとするのが原則。

うつくしい（美）
美しい
「しい」で終わる形容詞は、「し」から送るのが原則。

うながす（促）
促す
動詞・形容詞・形容動詞などの活用語は活用語尾を送りがなとするのが原則。

うまれる（生）
生まれる
別な読みに「生む」があるので、それに合わせて活用語尾ではなく、「う」を漢字に当てる。

うらなった（占）
占った
動詞・形容詞・形容動詞などの活用語は活用語尾を送りがなとするのが原則。

うるわしい（麗）
麗しい
「しい」で終わる形容詞は、「し」から送るのが原則。

うれい（愁）
愁い
活用語からつくられた名詞。もとの語「愁える」に合わせて送る。

うれい（憂）
憂い
活用語からつくられた名詞。もとの語「憂える」に合わせて送る。

うわまわった（上回）
上回った
動詞・形容詞・形容動詞などの活用語は活用語尾を送りがなとするのが原則。

おおいに（大）
大いに
副詞、連体詞、接続詞は最後の音節を送るのが原則だが、これは例外。

おおきい（大）
大きい
送りがなの規則に当てはまらない語。そのまま覚える。

おおせ（仰）
仰せ
活用語からつくられた名詞。もとの語「仰せられる」に合わせて送る。

おくらせる（遅）
遅らせる
別な読みに「遅れる」があるので、それに合わせて活用語尾ではなく、「おく」を漢字に当てる。

おごそか（厳）	厳か	「か」「やか」「らか」で終わる形容動詞は、「か」「やか」「らか」から送る。
おこたる（怠）	怠る	動詞・形容詞・形容動詞などの活用語は活用語尾を送りがなとするのが原則。
おこる（起）	起こる	別な読みに「起きる」があるので、それに合わせて活用語尾ではなく、「お」を漢字に当てる。
おさえる（押）	押さえる	別な読みに「押す」があるので、それに合わせて活用語尾ではなく、「お」を漢字に当てる。
おしい（惜）	惜しい	「しい」で終わる形容詞は、「し」から送るのが原則。
おそろしい（恐）	恐ろしい	「しい」で終わるので「し」から送るのが原則だが、動詞「恐れる」に合わせて「おそ」を漢字に当てる。
おそわる（教）	教わる	送りがなの規則に当てはまらない語。そのまま覚える。
おだやか（穏）	穏やか	「か」「やか」「らか」で終わる形容動詞は、「か」「やか」「らか」から送る。
おちいる（陥）	陥る	動詞・形容詞・形容動詞などの活用語は活用語尾を送りがなとするのが原則。
おちる（落）	落ちる	動詞・形容詞・形容動詞などの活用語は活用語尾を送りがなとするのが原則。
おどかす（脅）	脅かす	送りがなの規則に当てはまらない語。そのまま覚える。
おとこらしい（男）	男らしい	「しい」で終わるので「し」から送るのが原則だが、名詞「男」に合わせて「おとこ」を漢字に当てる。

おとしいれる（陥）
陥れる
動詞・形容詞・形容動詞などの活用語は活用語尾を送りがなとするのが原則。

おとす（落）
落とす
別な読みに「落ちる」があるので、それに合わせて「お」を漢字に当てる。

おとずれる（訪）
訪れる
動詞・形容詞・形容動詞などの活用語は活用語尾を送りがなとするのが原則。

おどろき（驚）
驚き
動詞「驚く」に合わせて、「おどろ」を漢字に当てる。

おなじだ（同）
同じだ
送りがなの規則に当てはまらない語。そのまま覚える。

おのずから（自）
自ずから
原則では「ら」を送りがなにするが、「自ら（みずから）」と混用を避けるため。

おびやかす（脅）
脅かす
送りがなの規則に当てはまらない語。そのまま覚える。

おもだ（主）
主だ
動詞・形容詞・形容動詞などの活用語は活用語尾を送りがなとするのが原則。

おもんずる（重）
重んずる
形容詞・形容動詞のもとの語の「重い」に合わせて送る。

およぼす（及）
及ぼす
別な読みに「及ぶ」があるので、それに合わせて活用語尾ではなく、「およ」を漢字に当てる。

おろそか（疎）
疎か
「か」「やか」「らか」で終わる形容動詞は、「か」「やか」「らか」から送る。

おわる（終）
終わる
別な読みに「終える」があるので、それに合わせて活用語尾ではなく、「お」を漢字に当てる。

かえりみる（顧）	顧みる	動詞・形容詞・形容動詞などの活用語は活用語尾を送りがなとするのが原則。
かえりみる（省）	省みる	動詞・形容詞・形容動詞などの活用語は活用語尾を送りがなとするのが原則。
かおり（薫）	薫り	活用語からつくられた名詞。もとの語「薫る」に合わせて送る。
かおり（香）	香り	活用語からつくられた名詞。もとの語「香る」に合わせて送る。
かおる（薫）	薫る	動詞・形容詞・形容動詞などの活用語は活用語尾を送りがなとするのが原則。
かがめる（屈）	屈める	動詞・形容詞・形容動詞などの活用語は活用語尾を送りがなとするのが原則。
かがやかしい（輝）	輝かしい	「しい」で終わるので「し」から送るのが原則だが、動詞「輝く」に合わせて「かがや」を漢字に当てる。
かかわり（関）	関わり	動詞「関わる」に合わせて「かか」を漢字に当てる。
かく（書）	書く	動詞・形容詞・形容動詞などの活用語は活用語尾を送りがなとするのが原則。
かさなる（重）	重なる	別に「重ねる」の読みがあるので、「かさ」を漢字に当てる。
かしこい（賢）	賢い	動詞・形容詞・形容動詞などの活用語は活用語尾を送りがなとするのが原則。
かためる（固）	固める	活用語尾を送ると「固る」だが、別に「固まる」の読みがあるので、「かた」を漢字に当てる。

かたよる（偏）	偏る	動詞・形容詞・形容動詞などの活用語は活用語尾を送りがなとするのが原則。
かたらう（語）	語らう	別な読みに「語る」があるので、それに合わせて活用語尾ではなく、「かた」を漢字に当てる。
かたわら（傍）	傍ら	名詞は原則として送りがなを付けないが、例外として最後の一字を送る。
かなしむ（悲）	悲しむ	形容詞「悲しい」があるので、活用語尾ではなく、「かな」を漢字に当てる。
かならず（必）	必ず	副詞、連体詞、接続詞は最後の音節を送る。
かり（狩）	狩り	活用語からつくられた名詞。もとの語「狩る」に合わせて送る。「狩」は許容。
かろうじて（辛）	辛うじて	副詞、連体詞、接続詞は最後の音節を送るのが原則だが、形容詞「辛い」に合わせる。
かわり（代）	代わり	活用語からつくられた名詞。もとの語「代わる」に合わせて送る。「代り」は許容。
かわる（変）	変わる	別な読みに「変える」があるので、それに合わせて活用語尾ではなく、「か」を漢字に当てる。
かんがえる（考）	考える	動詞・形容詞・形容動詞などの活用語は活用語尾を送りがなとするのが原則。
きこえる（聞）	聞こえる	別な読みに「聞く」があるので、それに合わせて活用語尾ではなく、「き」を漢字に当てる。
きたえる（鍛）	鍛える	動詞・形容詞・形容動詞などの活用語は活用語尾を送りがなとするのが原則。

きびしい（厳）	厳しい	「しい」で終わる形容詞は、「し」から送るのが原則。
きよらかだ（清）	清らかだ	形容詞・形容動詞のもとの語の「清い」に合わせて送る。
きる（着）	着る	語幹と活用語尾との区別がつかない動詞は「着る」のように送る。
きわまる（極）	極まる	活用語尾を送ると「極る」だが、別に「極める」の読みがあるので、「きわ」を漢字に当てる。
きわみ（極）	極み	活用語からつくられた名詞。もとの語「極める」に合わせて送る。
きわめる（極）	極める	活用語尾を送ると「極る」だが、別に「極まる」の読みがあるので、「きわ」を漢字に当てる。
くつがえす（覆）	覆す	動詞・形容詞・形容動詞などの活用語は活用語尾を送りがなとするのが原則。
くばる（配）	配る	動詞・形容詞・形容動詞などの活用語は活用語尾を送りがなとするのが原則。
くもり（曇）	曇り	活用語からつくられた名詞。もとの語「曇る」に合わせて送る。「曇」は許容。
くやしい（悔）	悔しい	「しい」で終わる形容詞は、「し」から送るのが原則。
くらう（食）	食らう	送りがなの規則に当てはまらない語。そのまま覚える。
くらす（暮）	暮らす	別な読みに「暮れる」があるので、それに合わせて活用語尾ではなく、「く」を漢字に当てる。

くる（来）	来る	語幹と活用語尾との区別がつかない動詞は「来る」のように送る。
くるしがる（苦）	苦しがる	形容詞「苦しい」があるので、活用語尾ではなく、「くる」を漢字に当てる。
こい（濃）	濃い	動詞・形容詞・形容動詞などの活用語は活用語尾を送りがなとするのが原則。
こいしい（恋）	恋しい	「しい」で終わる形容詞は、「し」から送るのが原則。
こころざす（志）	志す	動詞・形容詞・形容動詞などの活用語は活用語尾を送りがなとするのが原則。
こころみる（試）	試みる	動詞・形容詞・形容動詞などの活用語は活用語尾を送りがなとするのが原則。
こころよい（快）	快い	動詞・形容詞・形容動詞などの活用語は活用語尾を送りがなとするのが原則。
こたえ（答）	答え	活用語からつくられた名詞。もとの語「答え」に合わせて送る。「答」は許容。
ことなる（異）	異なる	送りがなの規則に当てはまらない語。そのまま覚える。
こまかい（細）	細かい	形容詞・形容動詞のもとの語の「細かだ」に合わせて送る。
こまやか（細）	細やか	「か」「やか」「らか」で終わる形容動詞は、「か」「やか」「らか」から送る。
こらしめる（懲）	懲らしめる	別な読みに「懲りる」があるので、それに合わせて活用語尾ではなく、「こ」を漢字に当てる。

ころがす（転）	転がす	別な読みに「転ぶ」があるので、それに合わせて活用語尾ではなく、「ころ」を漢字に当てる。
さいわい（幸）	幸い	名詞は原則として送りがなを付けないが、例外として最後の一字を送る。
さかえる（栄）	栄える	「さかえ+ない」としたときの「な」の二文字前の「さか」を漢字に当てる。
さからう（逆）	逆らう	送りがなの規則に当てはまらない語。そのまま覚える。
さかんだ（盛）	盛んだ	送りがなの規則に当てはまらない語。そのまま覚える。
さきんずる（先）	先んずる	名詞「さき」を含むので「さき」を漢字に当てる。
ささえる（支）	支える	「ささえ+ない」としたときの「な」の二文字前の「ささ」を漢字に当てる。
さだまる（定）	定まる	別な読みに「定める」があるので、それに合わせて活用語尾ではなく、「さだ」を漢字に当てる。
さびしい（寂）	寂しい	「しい」で終わる形容詞は、「し」から送るのが原則。
さまたげる（妨）	妨げる	動詞・形容詞・形容動詞などの活用語は活用語尾を送りがなとするのが原則。
さらに（更）	更に	副詞、連体詞、接続詞は最後の音節を送る。
しあわせ（幸）	幸せ	名詞は原則として送りがなを付けないが、例外として最後の一字を送る。

しいたげる（虐）	虐げる	動詞・形容詞・形容動詞などの活用語は活用語尾を送りがなとするのが原則。
しずかだ（静）	静かだ	「か」「やか」「らか」で終わる形容動詞は、「か」「やか」「らか」から送る。
しずめる（鎮）	鎮める	動詞・形容詞・形容動詞などの活用語は活用語尾を送りがなとするのが原則。
したがう（従）	従う	動詞・形容詞・形容動詞などの活用語は活用語尾を送りがなとするのが原則。
したたる（滴）	滴る	動詞・形容詞・形容動詞などの活用語は活用語尾を送りがなとするのが原則。
しめる（占）	占める	動詞・形容詞・形容動詞などの活用語は活用語尾を送りがなとするのが原則。
しらべ（調）	調べ	活用語からつくられた名詞。もとの語「調べる」に合わせて送る。
すくない（少）	少ない	送りがなの規則に当てはまらない語。そのまま覚える。
すこやか（健）	健やか	「か」「やか」「らか」で終わる形容動詞は、「か」「やか」「らか」から送る。
そこなう（損）	損なう	別な読みに「損ねる」があるので、それに合わせて「そこ」を漢字に当てる。
たいらか（平）	平らか	「か」「やか」「らか」で終わる形容動詞は、「か」「やか」「らか」から送る。
たがい（互）	互い	名詞は原則として送りがなを付けないが、例外として最後の一字を送る。

たからか（高）	高らか	「か」「やか」「らか」で終わる形容動詞は、「か」「やか」「らか」から送る
たくみだ（巧）	巧みだ	送りがなの規則に当てはまらない語。そのまま覚える。
たくわえる（蓄）	蓄える	動詞・形容詞・形容動詞などの活用語は活用語尾を送りがなとするのが原則。
たしかさ（確）	確かさ	活用語に「さ」「み」「げ」などが付いてできた名詞。もとの語「確かめる」に合わせて送る。
たすける（助）	助ける	動詞・形容詞・形容動詞などの活用語は活用語尾を送りがなとするのが原則。
たずさわって（携）	携わって	「携える」という読みもあるので「たずさ」までを漢字に当てる。
たたかう（戦）	戦う	動詞・形容詞・形容動詞などの活用語は活用語尾を送りがなとするのが原則。
ただしさ（正）	正しさ	活用語に「さ」「み」「げ」などが付いてできた名詞。もとの語「正しい」に合わせて送る。
ただちに（直）	直ちに	副詞、連体詞、接続詞は最後の音節を送るのが原則だが、これは例外。
たのしげ（楽）	楽しげ	活用語に「さ」「み」「げ」などが付いてできた名詞。もとの語「楽しい」に合わせて送る。
たのもしい（頼）	頼もしい	「しい」で終わるので「し」から送るのが原則だが、動詞「頼む」に合わせて「たの」を漢字に当てる。
たより（便）	便り	名詞は原則として送りがなを付けないが、例外として最後の一字を送る。

ちいさい（小）	小さい	送りがなの規則に当てはまらない語。そのまま覚える。
ちかく（近）	近く	活用語からつくられた名詞。もとの語「近い」に合わせて送る。
ちらかる（散）	散らかる	別な読みに「散る」があるので、それに合わせて活用語尾ではなく、「ち」を漢字に当てる。
つかまる（捕）	捕まる	送りがなの規則に当てはまらない語。そのまま覚える。
つめたい（冷）	冷たい	送りがなの規則に当てはまらない語。そのまま覚える。
つもる（積）	積もる	別な読みに「積む」があるので、それに合わせて活用語尾ではなく、「つ」を漢字に当てる。
つらなる（連）	連なる	別な読みに「連ねる」があるので、それに合わせて活用語尾ではなく、「つら」を漢字に当てる。
てらす（照）	照らす	別な読みに「照る」があるので、それに合わせて活用語尾ではなく、「て」を漢字に当てる。
とい（問）	問い	活用語からつくられた名詞。もとの語「問う」に合わせて送る。「問」は許容。
とおく（遠）	遠く	活用語からつくられた名詞。もとの語「遠い」に合わせて送る。
とどけ（届）	届け	活用語からつくられた名詞。もとの語「届ける」に合わせて送る。「届」は許容。
ともなう（伴）	伴う	動詞・形容詞・形容動詞などの活用語は活用語尾を送りがなとするのが原則。

とらえる（捉）	捉える	動詞・形容詞・形容動詞などの活用語は活用語尾を送りがなとするのが原則。
とらえる（捕）	捕らえる	別な読みに「捕る」があるので、それに合わせて活用語尾ではなく、「と」を漢字に当てる。
なかば（半）	半ば	名詞は原則として送りがなを付けないが、例外として最後の一字を送る。
なぐさめる（慰）	慰める	動詞・形容詞・形容動詞などの活用語は活用語尾を送りがなとするのが原則。
なげかわしい（嘆）	嘆かわしい	「しい」で終わるので「し」から送るのが原則だが、動詞「嘆く」に合わせて「なげ」を漢字に当てる。
なごむ（和）	和む	動詞・形容詞・形容動詞などの活用語は活用語尾を送りがなとするのが原則。
なごやかだ（和）	和やか	「か」「やか」「らか」で終わる形容動詞は、「か」「やか」「らか」から送る。
なさけ（情）	情け	名詞は原則として送りがなを付けないが、例外として最後の一字を送る。
なつかしい（懐）	懐かしい	「しい」で終わるので「し」から送るのが原則だが、動詞「懐く」に合わせて「なつ」を漢字に当てる。
ななめ（斜）	斜め	名詞は原則として送りがなを付けないが、例外として最後の一字を送る。
なめらかだ（滑）	滑らかだ	「か」「やか」「らか」で終わる形容動詞は、「か」「やか」「らか」から送る。
ならびに（並）	並びに	副詞、連体詞、接続詞は最後の音節を送るのが原則だが、これは例外。

にくしみ（憎）	憎しみ	活用語に「さ」「み」「げ」などが付いてできた名詞。もとの語「憎む」に合わせて送る。
にくらしい（憎）	憎らしい	「しい」で終わるので「し」から送るのが原則だが、動詞「憎む」に合わせて「にく」を漢字に当てる。
ねがい（願）	願い	活用語からつくられた名詞。もとの語「願う」に合わせて送る。「願」は許容。
ねる（寝）	寝る	語幹と活用語尾との区別がつかない動詞は「寝る」のように送る。
ねんごろだ（懇）	懇ろだ	送りがなの規則に当てはまらない語。そのまま覚える。
のっとる（則）	則る	動詞・形容詞・形容動詞などの活用語は活用語尾を送りがなとするのが原則。
はいれる（入）	入れる	動詞・形容詞・形容動詞などの活用語は活用語尾を送りがなとするのが原則。
はからう（計）	計らう	別な読みに「計る」があるので、それに合わせて活用語尾ではなく、「はか」を漢字に当てる。
はじめ（初）	初め	活用語からつくられた名詞。もとの語「初めて」に合わせて送る。
はじめる（始）	始める	動詞・形容詞・形容動詞などの活用語は活用語尾を送りがなとするのが原則。
はずかしい（恥）	恥ずかしい	「しい」で終わるので「し」から送るのが原則だが、動詞「恥じる」に合わせて「は」を漢字に当てる。
はるめく（春）	春めく	別な読みに「春」があるので、それに合わせて活用語尾ではなく、「はる」を漢字に当てる。

はれ（晴）	晴れ	活用語からつくられた名詞。もとの語「晴れる」に合わせて送る。「晴」は許容。
はれやかだ（晴）	晴れやかだ	「やか」で終わるが、別な読みに「晴れる」があるので、それに合わせて「は」を漢字に当てる。
ひそかに（密）	密かに	「か」「やか」「らか」で終わる形容動詞は、「か」「やか」「らか」から送る。
ひとしい（等）	等しい	ありさまを表す形容詞は「しい」「い」を送るのが原則。
ひとつ（一）	一つ	数をかぞえる「つ」を含む名詞は「つ」を送る。
ひとり（独）	独り	名詞は原則として送りがなを付けないが、例外として最後の一字を送る。
ひやす（冷）	冷やす	別な読みに「冷える」があるので、それに合わせて活用語尾ではなく、「ひ」を漢字に当てる。
ひらたい（平）	平たい	送りがなの規則に当てはまらない語。そのまま覚える。
ひるがえす（翻）	翻す	動詞・形容詞・形容動詞などの活用語は活用語尾を送りがなとするのが原則。
ふたつ（二）	二つ	数をかぞえる「つ」を含む名詞は「つ」を送る。
ふるめかしい（古）	古めかしい	「しい」で終わるので「し」から送るのが原則だが、形容詞「古い」に合わせて送る。
ほがらか（朗）	朗らか	「か」「やか」「らか」で終わる形容動詞は、「か」「やか」「らか」から送る。

ほまれ（誉）	誉れ	名詞は原則として送りがなを付けないが、例外として最後の一字を送る。
まかなう（賄）	賄う	動詞・形容詞・形容動詞などの活用語は活用語尾を送りがなとするのが原則。
まぎらわしい（紛）	紛らわしい	「しい」で終わるので「し」から送るのが原則だが、動詞「紛れる」に合わせて「まぎ」を漢字に当てる。
まざる（混）	混ざる	別な読みに「混ぜる」があるので、それに合わせて活用語尾ではなく、「ま」を漢字に当てる。
まじる（混）	混じる	別な読みに「混ぜる」があるので、それに合わせて活用語尾ではなく、「ま」を漢字に当てる。
まじわる（交）	交わる	別な読みに「交える」があるので、それに合わせて活用語尾ではなく、「まじ」を漢字に当てる。
まったく（全）	全く	副詞、連体詞、接続詞は最後の音節を送る。
まっとう（全）	全う	別な読みに「全く」があるので、それに合わせて活用語尾ではなく、「まっと」を漢字に当てる。
まつり（祭）	祭り	活用語からつくられた名詞。もとの語「祭る」に合わせて送る。「祭」は許容。
みがるだ（身軽）	身軽だ	動詞・形容詞・形容動詞などの活用語は活用語尾を送りがなとするのが原則。
みじかい（短）	短い	動詞・形容詞・形容動詞などの活用語は活用語尾を送りがなとするのが原則。
みじめだ（惨）	惨めだ	送りがなの規則に当てはまらない語。そのまま覚える。

みずから（自）	自ら	名詞は原則として送りがなを付けないが、例外として最後の一字を送る。
みちびき（導）	導き	動詞「導く」に合わせて送る。
みっつ（三）	三つ	数をかぞえる「つ」を含む名詞は「つ」を送る。
みのる（実）	実る	動詞・形容詞・形容動詞などの活用語は活用語尾を送りがなとするのが原則。
むかう（向）	向かう	別な読みに「向く」があるので、それに合わせて活用語尾ではなく、「む」を漢字に当てる。
むかえる（迎）	迎える	動詞・形容詞・形容動詞などの活用語は活用語尾を送りがなとするのが原則。
むずかしい（難）	難しい	「しい」で終わる形容詞は、「し」から送るのが原則。
むらがる（群）	群がる	送りがなの規則に当てはまらない語。そのまま覚える。
むれ（群）	群れ	活用語からつくられた名詞。もとの語「群れる」に合わせて送る。「群」は許容。
めずらしい（珍）	珍しい	「しい」で終わる形容詞は、「し」から送るのが原則。
もしくは（若）	若しくは	副詞、連体詞、接続詞は最後の音節を送るのが原則だが、これは例外。
もっとも（最）	最も	副詞、連体詞、接続詞は最後の音節を送る。

もっぱら（専）	専ら	副詞、連体詞、接続詞は最後の音節を送る。
もとめる（求）	求める	動詞・形容詞・形容動詞などの活用語は活用語尾を送りがなとするのが原則。
もよおす（催）	催す	動詞・形容詞・形容動詞などの活用語は活用語尾を送りがなとするのが原則。
やしなう（養）	養う	動詞・形容詞・形容動詞などの活用語は活用語尾を送りがなとするのが原則。
やぶれる（敗）	敗れる	動詞・形容詞・形容動詞などの活用語は活用語尾を送りがなとするのが原則。
やわらかい（柔）	柔らかい	形容詞・形容動詞のもとの語の「柔らかだ」に合わせて送る。
やわらぐ（和）	和らぐ	送りがなの規則に当てはまらない語。そのまま覚える。
やわらげる（和）	和らげる	活用語尾は「ぐ」であるが、例外的に「ら」から送る。
ゆする（揺）	揺する	送りがなの規則に当てはまらない語。そのまま覚える。
ゆたかな（豊）	豊かな	「か」「やか」「らか」で終わる形容動詞は、「か」「やか」「らか」から送る。
よそおい（装）	装い	「装う」の動詞に合わせて、「よそお」を漢字に当てる。
よびだし（呼・出）	呼び出し	複合語はそれぞれの語のふりがなによってふるのが原則。

よぶ（呼）	呼ぶ	動詞・形容詞・形容動詞などの活用語は活用語尾を送りがなとするのが原則。
よむ（読）	読む	動詞・形容詞・形容動詞などの活用語は活用語尾を送りがなとするのが原則。
よわまる（弱）	弱まる	別な読みに「弱める」があるので、それに合わせて活用語尾ではなく、「よわ」を漢字に当てる。
よろこばしい（喜）	喜ばしい	「しい」で終わるので「し」から送るのが原則だが、動詞「喜ぶ」に合わせて「よろこ」を漢字に当てる。
よろこび（喜）	喜び	動詞「喜ぶ」に合わせて送る。
よろこんだ（喜）	喜んだ	動詞・形容詞・形容動詞などの活用語は活用語尾を送りがなとするのが原則。
よろしく（宜）	宜しく	「しく」で終わる状態などを表す語は「しく」を送りがなにする。
わかやぐ（若）	若やぐ	別な読みに「若い」があるので、それに合わせて活用語尾ではなく、「わか」を漢字に当てる。
わかれる（分）	分かれる	別な読みに「分ける」があるので、それに合わせて活用語尾ではなく、「わ」を漢字に当てる。
わける（分）	分ける	動詞・形容詞・形容動詞などの活用語は活用語尾を送りがなとするのが原則。
わざわい（災）	災い	名詞は原則として送りがなを付けないが、例外として最後の一字を送る。
わたす（渡）	渡す	動詞・形容詞・形容動詞などの活用語は活用語尾を送りがなとするのが原則。

表記

◆〔　〕内の二つの表記のうち、どちらが正しいか判断しましょう。

合図〔あいず・あいづ〕を送る。	あいず	「ず・づ」の表記の原則は「ず」。原則通り。
浅知恵〔あさじえ・あさぢえ〕を働かす。	あさぢえ	二語の連合「あさ＋ちえ」だから「ぢ」。
お金を預ける〔あずける・あづける〕。	あずける	「ず・づ」の表記の原則は「ず」。原則通り。
〔あるいは・あるいわ〕違うかもしれない。	あるいは	助詞の「は」は、「は」と表記。
家路〔いえじ・いえぢ〕につく。	いえじ	「ぢ・じ」の表記の原則は「じ」。原則通り。
犯罪に憤る〔いきどうる・いきどおる〕。	いきどおる	オ列長音の歴史的仮名遣いの特例。「いきどほり」の「ほ」は「お」と表記。
意気地〔いくじ・いくぢ〕なし。	いくじ	「ぢ・じ」の表記の原則は「じ」。原則通り。
何れか〔いずれか・いづれか〕一つを選ぶ。	いずれか	「ず・づ」の表記の原則は「ず」。原則通り。
無花果〔いちじく・いちぢく〕の果実。	いちじく	同音の連呼だが、「ぢ・じ」の表記の原則に従い「じ」。
著しい〔いちじるしい・いちぢるしい〕発展。	いちじるしい	同音の連呼だが、「ぢ・じ」の表記の原則に従い「じ」。
命綱〔いのちずな・いのちづな〕をつける。	いのちづな	二語の連合「いのち」＋「つな」だから「づ」。
今際〔いまは・いまわ〕の際の言葉。	いまわ	助詞の「は」由来だが、「わ」と表記。

入れ知恵〔いれじえ・いれぢえ〕をするな。	いれぢえ	二語の連合「いれ」+「ちえ」だから「ぢ」。
裏付け〔うらずけ・うらづけ〕を取る。	うらづけ	二語の連合「うら+つけ」だから「づ」。
映画〔えいが・ええが〕を見る。	えいが	「イ」を添えて「エイ」と表記するエ列の長音の語。
扇〔おうぎ・おおぎ〕の要。	おうぎ	オ列長音の表記の原則は「う」。原則通り。
一国の王様〔おうさま・おおさま〕。	おうさま	オ列長音の表記の原則は「う」。原則通り。
鳥かごに鸚鵡〔おうむ・おおむ〕がいる。	おうむ	オ列長音の表記の原則は「う」。原則通り。
雨雲が空を覆い〔おうい・おおい〕始めた。	おおい	オ列長音の歴史的仮名遣いの特例。「おほふ」の「ほ」は「お」と表記。
人通りが多い〔おうい・おおい〕。	おおい	オ列長音の歴史的仮名遣いの特例。「おほい」の「ほ」は「お」と表記。
日本には狼〔おうかみ・おおかみ〕がいた。	おおかみ	オ列長音の歴史的仮名遣いの特例。「おほかみ」の「ほ」は「お」と表記。
大きな〔おうきな・おおきな〕鯉《こい》のぼり。	おおきな	オ列長音の歴史的仮名遣いの特例。「おほきい」の「ほ」は「お」と表記。
大阪〔おうさか・おおさか〕の生まれだ。	おおさか	オ列長音の歴史的仮名遣いの特例。「おほさか」の「ほ」は「お」と表記。
仰せ〔おうせ・おおせ〕の通りです。	おおせ	オ列長音の歴史的仮名遣いの特例。「おほせ」の「ほ」は「お」と表記。

大勢〔おうぜい・おおぜい〕の人が観戦した。	おおぜい	オ列長音の歴史的仮名遣いの特例。「おほぜい」の「ほ」は「お」と表記。
仕事も大詰め〔おうずめ・おおづめ〕だ。	おおづめ	オ列長音の特例。「おほづめ」の「ほ」は「お」と表記。連語「おお+つめ」。
概ね〔おうむね・おおむね〕正しい。	おおむね	オ列長音の歴史的仮名遣いの特例。「おほむね」の「ほ」は「お」と表記。
駅は公〔おうやけ・おおやけ〕の場だ。	おおやけ	オ列長音の歴史的仮名遣いの特例。「おほやけ」の「ほ」は「お」と表記。
人口は大凡〔おうよそ・おおよそ〕一億人だ。	おおよそ	オ列長音の歴史的仮名遣いの特例。「おほよそ」の「ほ」は「お」と表記。
怖気〔おじけ・おぢけ〕づく。	おじけ	「ぢ・じ」の表記の原則は「じ」。原則通り。
お父さん〔おとうさん・おとおさん〕の手。	おとうさん	オ列長音の表記の原則は「う」。原則通り。
〔おはよう・おはよお〕ございます。	おはよう	オ列長音の表記の原則は「う」。原則通り。
姑《しゅうと》に傅く〔かしずく・かしづく〕。	かしずく	二語の連合由来だが、一語と認識されるものは「ず」の表記が本則。
固唾〔かたず・かたづ〕を飲んで見守る。	かたず	二語の連合由来だが、一語と認識されるものは「ず」の表記が本則。
片付ける〔かたずける・かたづける〕。	かたづける	二語の連合「かた」+「つく」だから「づ」。
気付いた〔きずいた・きづいた〕点を述べる。	きづいた	二語の連合「き」+「つく」だから「づ」。

よく気遣う〔きずかう・きづかう〕人だ。
きづかう
二語の連合「き」＋「つかう」だから「づ」。

仰天〔ぎょうてん・ぎょおてん〕した。
ぎょうてん
オ列長音の表記の原則は「う」。原則通り。

近似値〔きんじち・きんぢち〕で答える。
きんじち
「ぢ・じ」の表記の原則は「じ」。原則通り。

親孝行〔こうこう・こおこう〕をしなさい。
こうこう
オ列長音の表記の原則は「う」。原則通り。

病が高じる〔こうじる・こおじる〕。
こうじる
オ列長音の表記の原則は「う」。原則通り。

香ばしい〔こうばしい・こおばしい〕香り。
こうばしい
オ列長音の表記の原則は「う」。原則通り。

寒くて池が凍った〔こおった・こうった〕。
こおった
オ列長音の歴史的仮名遣いの特例。「こほる」の「ほ」は「お」と表記。

コップに氷〔こうり・こおり〕を入れる。
こおり
オ列長音の歴史的仮名遣いの特例。「こほり」の「ほ」は「お」と表記。

蟋蟀〔こうろぎ・こおろぎ〕が鳴いている。
こおろぎ
オ列長音の歴史的仮名遣いの特例。「こほろぎ」の「ほ」は「お」と表記。

心尽くし〔こころずくし・こころづくし〕。
こころづくし
二語の連合「こころ＋つくし」だから「づ」。

〔こじんまり・こぢんまり〕とした家。
こぢんまり
二語の連合「こ＋ちんまり」だから「ぢ」。

お小遣い〔こずかい・こづかい〕をもらった。
こづかい
二語の連合「こ＋つかい」だから「づ」。

郵便小包〔こずつみ・こづつみ〕を受け取る。	こづつみ	二語の連合「こ+つつみ」だから「づ」。
言伝〔ことずて・ことづて〕をお願いします。	ことづて	二語の連合「こと+つて」だから「づ」。
〔これはこれは・これわこれわ〕どうも。	これはこれは	助詞の「は」は、「は」と表記。
〔こんにちは・こんにちわ〕。	こんにちは	助詞の「は」は、「は」と表記。
杯〔さかずき・さかづき〕で乾杯する。	さかずき	二語の連合由来だが、一語と認識されるものは「ず」と表記。
差し詰め〔さしずめ・さしづめ〕これでよい。	さしずめ	二語の連合由来だが、一語と認識されるものは「ず」と表記。
図書館では静か〔しずか・しづか〕にする。	しずか	「ず・づ」の表記の原則は「ず」。原則通り。
地味な〔じみな・ぢみな〕服装。	じみな	「ぢ・じ」の表記の原則は「じ」。原則通り。
地面〔じめん・ぢめん〕に落とし穴を掘った。	じめん	「ぢ・じ」の表記の原則は「じ」。原則通り。
彼は字が上手〔じょうず・じょおず〕だ。	じょうず	オ列長音の表記の原則は「う」。原則通り。
素人〔しろうと・しろおと〕ではできない。	しろうと	オ列長音の表記の原則は「う」。原則通り。
図工〔ずこう・づこう〕の時間。	ずこう	「ず・づ」の表記の原則は「ず」。原則通り。特に語頭は「づ」と表記しない。

雀〔**すずめ・すづめ**〕が虫をついばんでいる。	**すずめ**	「ず・づ」の表記の原則は「ず」。原則通り。
一人〔**ずつ・づつ**〕出入りするように。	**ずつ**	二語の連合由来だが、一語と認識されるものは「ず」と表記。
〔**すは・すわ**〕いち大事。	**すわ**	助詞の「は」由来だが、「わ」と表記。
底力〔**そこじから・そこぢから**〕を見せる。	**そこぢから**	二語の連合「そこ+ちから」だから「ぢ」。
外面〔**そとずら・そとづら**〕はよい。	**そとづら**	二語の連合「そと+つら」だから「づ」。
豆腐の原料は大豆〔**だいず・だいづ**〕だ。	**だいず**	「ず・づ」の表記の原則は「ず」。原則通り。
竹筒〔**たけずつ・たけづつ**〕に水をくむ。	**たけづつ**	二語の連合「たけ+つつ」だから「づ」。
馬の手綱〔**たずな・たづな**〕を握る。	**たづな**	二語の連合「た+つな」だから「づ」。
近々〔**ちかじか・ちかぢか**〕結婚する。	**ちかぢか**	二語の連合「ちか+ちか」だから「ぢ」。
東京都の知事〔**ちじ・ちぢ**〕。	**ちじ**	同音の連呼に聞こえるが、「事」の読みは「じ」。
地球の地軸〔**ちじく・ちぢく**〕は傾いている。	**ちじく**	同音の連呼に聞こえるが、「軸」の読みは「じく」。
心が千々に〔**ちじに・ちぢに**〕乱れる。	**ちぢに**	同音の連呼「ちち」だから「ぢ」。

バネが伸び縮み〔ちじみ・ちぢみ〕する。
ちぢみ
同音の連呼「ちち」だから「ぢ」。

髪の毛が縮れた〔ちじれた・ちぢれた〕。
ちぢれた
同音の連呼「ちち」だから「ぢ」。

湯飲み茶碗〔じゃわん・ぢゃわん〕を壊した。
ぢゃわん
二語の連合「ちゃ＋わん」だから「ぢ」。

一本調子〔じょうし・ぢょうし〕の歌。
ぢょうし
オ列長音の歴史的仮名遣いの特例。「でうし」の「で」は「ぢ」と表記。

散り散り〔ちりじり・ちりぢり〕になった。
ちりぢり
二語の連合「ちり＋ちり」だから「ぢ」。

熟熟〔つくずく・つくづく〕考える。
つくづく
二語の連合「つく＋つく」だから「づ」。

小説の続き〔つずき・つづき〕が読みたい。
つづき
同音の連呼「つつ」だから「づ」。

心の内面を綴った〔つずった・つづった〕小説。
つづった
同音の連呼「つつ」だから「づ」。

鼓〔つずみ・つづみ〕は日本古来の打楽器だ。
つづみ
同音の連呼「つつ」だから「づ」。

内容を約めて〔つずめて・つづめて〕書いた。
つづめて
同音の連呼「つつ」だから「づ」。

葛籠〔つずら・つづら〕に着物をいれる。
つづら
同音の連呼「つつ」だから「づ」。

常々〔つねずね・つねづね〕そう思っていた。
つねづね
二語の連合「つね＋つね」だから「づ」。

問題	答え	解説
徒然草〔つれずれぐさ・つれづれぐさ〕。	つれづれぐさ	二語の連合「つれ＋つれ」だから「づ」。
手作り〔てずくり・てづくり〕のセーター。	てづくり	二語の連合「て＋つくり」だから「づ」。
「〔てにおは・てにをは〕」に気をつける。	てにをは	表記の慣習により「を」と書く。
〔では・でわ〕さようなら。	では	助詞の「は」は、「は」と表記。
等間隔〔とうかんかく・とおかんかく〕。	とうかんかく	オ列長音の表記の原則は「う」。原則通り。
峠〔とうげ・とおげ〕への道は急だ。	とうげ	オ列長音の表記の原則は「う」。原則通り。
従兄弟同士〔どうし・どおし〕だ。	どうし	オ列長音の表記の原則は「う」。原則通り。
犬吠埼《いぬぼうざき》の灯台〔とうだい・とおだい〕だ。	とうだい	オ列長音の表記の原則は「う」。原則通り。
家から駅までは遠い〔とうい・とおい〕。	とおい	オ列長音の歴史的仮名遣いの特例。「とほい」の「ほ」は「お」と表記。
後十日〔とうか・とおか〕でお正月だ。	とおか	オ列長音の歴史的仮名遣いの特例。「とをか」の「を」は「お」と表記。
まさしくその通り〔とうり・とおり〕だ。	とおり	オ列長音の歴史的仮名遣いの特例。「とほり」の「ほ」は「お」と表記。
仕事が滞る〔とどこうる・とどこおる〕。	とどこおる	オ列長音の歴史的仮名遣いの特例。「とどこほる」の「ほ」は「お」と表記。

荷造り〔にずくり・にづくり〕をする。	にづくり	二語の連合「に＋つくり」だから「づ」。
青い布地〔ぬのじ・ぬのぢ〕。	ぬのじ	「ぢ・じ」の表記の原則は「じ」。原則通り。
箱詰め〔はこずめ・はこづめ〕の寿司。	はこづめ	二語の連合「はこ＋つめ」だから「づ」。
鼻血〔はなじ・はなぢ〕が出た。	はなぢ	二語の連合「はな＋ち」だから「ぢ」。
緋縮緬〔ひじりめん・ひぢりめん〕の着物。	ひぢりめん	二語の連合「ひ＋ちりめん」だから「ぢ」。
経過を報告〔ほうこく・ほおこく〕する。	ほうこく	オ列長音の表記の原則は「う」。原則通り。
石を抛る〔ほうる・ほおる〕。	ほうる	オ列長音の表記の原則は「う」。原則通り。
頬〔ほう・ほお〕が赤い。	ほお	オ列長音の歴史的仮名遣いの特例。「ほほ」の「ほ」は「お」と表記。
鬼灯〔ほうづき・ほおずき〕の実。	ほおずき	オ列長音の特例。「ほほづき」の「ほ」は「お」と表記。「づ」も「ず」。
ガスの炎〔ほのう・ほのお〕は青い。	ほのお	オ列長音の歴史的仮名遣いの特例。「ほのほ」の「ほ」は「お」と表記。
旅行が間近〔まじか・まぢか〕に迫っている。	まぢか	二語の連合「ま＋ちか」だから「ぢ」。
三日月〔みかずき・みかづき〕がかかった。	みかづき	二語の連合「みか＋つき」だから「づ」。

髪の毛を短く〔みじかく・みぢかく〕する。	みじかく	「ぢ・じ」の表記の原則は「じ」。原則通り。
汗〔みずく・みづく〕で働く。	みずく	二語の連合由来だが、一語と認識されるものは「ず」と表記。
身近な〔みじかな・みぢかな〕問題。	みぢかな	二語の連合「み+ちか」だから「ぢ」。
旅は道連れ〔みちずれ・みちづれ〕世は情け。	みちづれ	二語の連合「みち+つれ」だから「づ」。
木菟〔みみずく・みみづく〕は猛禽類《もうきんるい》だ。	みみずく	二語の連合由来だが、一語と認識されるものは「ず」と表記。
公園で花見を催す〔もようす・もよおす〕。	もよおす	オ列長音の歴史的仮名遣いの特例。「もよほす」の「ほ」は「お」と表記。
それも〔やむおえない・やむをえない〕。	やむをえない	表記の慣習により「を」と書く。
料理を用意〔ようい・よおい〕する。	ようい	オ列長音の表記の原則は「う」。原則通り。
漸く〔ようやく・よおやく〕返事が来た。	ようやく	オ列長音の表記の原則は「う」。原則通り。
惜しむ〔らくは・らくわ〕決断力がない。	らくは	助詞の「は」は、「は」と表記。
いわんや悪人〔おや・をや〕。	をや	表記の慣習により「を」と書く。
組〔んず・んづ〕ほぐれつして戦う。	んず	二語の連合由来だが、一語と認識されるものは「ず」と表記。

対義語

◆対義語（反対の意味の言葉）を漢字で書きましょう。
ただし、ここで書かれている対義語以外にも、それぞれ相当する言葉がある場合があります。

悪政《あくせい》 民衆を苦しめる政治。 ↕ **善政**《ぜんせい》 民衆のために行われるよい政治。

悪声《あくせい》 悪い声。 ↕ **美声**《びせい》 良い声。

悪徳《あくとく》 道徳に反していること。 ↕ **美徳**《びとく》 立派な道徳。

悪評《あくひょう》 悪い評判。 ↕ **好評**《こうひょう》 良い評判。

安産《あんざん》 無事に出産すること。 ↕ **難産**《なんざん》 出産が困難なこと。

安全《あんぜん》 不安のないこと。また、その状態。 ↕ **危険**《きけん》 危ないこと。傷害や損害を負う可能性がある状態のこと。

異質《いしつ》 他と異なる性質。 ↕ **同質**《どうしつ》 他と同じ性質。

移出《いしゅつ》 移し出すこと。 ↕ **移入**《いにゅう》 移し入れること。

異常《いじょう》 普通とは違う状態であること。 ↕ **正常**《せいじょう》 普通な状態であること。

異性《いせい》 男性にとっての女性。女性にとっての男性。 ↕ **同性**《どうせい》 男性にとっての男性。女性にとっての女性。

緯度《いど》 地球上のある地点と赤道とがなす角度。 ↕ **経度**《けいど》 地球上のある地点とロンドン近郊を通る両極を結んだ線とがなす角度。

意訳《いやく》 原文の語句にこだわらずに全体の意味を訳すこと。 ↕ **直訳**《ちょくやく》 原文の一語一語を忠実に訳すこと。

雨季《うき》	一年の中で雨が集中的に降る季節。	↕	乾季《かんき》	一年の中で雨がほとんど降らない季節。
裏作《うらさく》	主な作物の収穫と次の作付けまでの期間を利用して別の作物を栽培すること。	↕	表作《おもてさく》	主となる作物を栽培すること。
鋭角《えいかく》	直角より小さい角。	↕	鈍角《どんかく》	直角より大きい角。
益虫《えきちゅう》	生物の成長や人間に利益をもたらす虫。	↕	害虫《がいちゅう》	生物の成長や人間の生活に害を及ぼす虫。
遠景《えんけい》	遠くの景色。	↕	近景《きんけい》	近くの景色。
横断《おうだん》	横に断つこと。東西に横切ること。	↕	縦断《じゅうだん》	縦に断つこと。南北に横切ること。
往復《おうふく》	行って戻ること。	↕	片道《かたみち》	行きか帰りか、その片方の道。
屋内《おくない》	建物の内部。	↕	屋外《おくがい》	建物の外。
親分《おやぶん》	仲間をまとめ、その頭となる人。	↕	子分《こぶん》	親分に従う人。
海運《かいうん》	船舶（せんぱく）による運送。	↕	陸運《りくうん》	陸上の交通機関による運送。
開演《かいえん》	演劇、オペラなどを始めること。	↕	終演《しゅうえん》	演劇、オペラなどが終わること。
外交《がいこう》	外国との交流、交際のこと。	↕	内政《ないせい》	国内の政治のこと。

外向《がいこう》	心が外部のものごとに向かうこと。	↕	内向《ないこう》	心が自分に向くこと。
開幕《かいまく》	大会や行事などが始まること。	↕	閉幕《へいまく》	大会や行事などが終わること。
拡大《かくだい》	大きく広げること。	↕	縮小《しゅくしょう》	小さく縮めること。
過激《かげき》	度を過ぎて激しいこと。	↕	穏健《おんけん》	穏やかで落ち着いていること。
可決《かけつ》	提出された案件を認めると決すること。	↕	否決《ひけつ》	提出された案件を認めないと決すること。
下限《かげん》	下のほうの限界。	↕	上限《じょうげん》	上のほうの限界。
過失《かしつ》	法律用語では、注意を怠り、結果として起きることがらを予見しない過ち。	↕	故意《こい》	法律用語では、自分の行為がある結果を生ずることを予見しながら行うこと。
過小《かしょう》	非常に小さいこと。	↕	過大《かだい》	非常に大きいこと。
過少《かしょう》	非常に少ないこと。	↕	過多《かた》	非常に多いこと。
過剰《かじょう》	余分にあること。	↕	不足《ふそく》	足りないこと。
合奏《がっそう》	二人以上で楽器を演奏すること。歌う場合は合唱。	↕	独奏《どくそう》	一人で楽器を演奏すること。歌う場合は独唱。
上手《かみて》	上流の方。高い方。演劇で客席から見て舞台の右側。	↕	下手《しもて》	下流の方。低い方。演劇で客席から見て舞台の左側。

寒色《かんしょく》	青や青に近い色。	↕	暖色《だんしょく》	赤や赤に近い色。
間接《かんせつ》	間にものごとをはさむこと。	↕	直接《ちょくせつ》	間にものごとをはさまず、直であること。
干潮《かんちょう》	潮が引くこと。	↕	満潮《まんちょう》	潮が満ちること。
完敗《かんぱい》	一方的に敗れること。	↕	完勝《かんしょう》	危なげなく勝利すること。
器楽《きがく》	楽器を使って演奏される音楽。	↕	声楽《せいがく》	声を使って演奏される音楽。
喜劇《きげき》	こっけいさを強調し、観客を笑わせることに主眼を置いた演劇。	↕	悲劇《ひげき》	人生の不幸、人間の苦悩などを主題とした演劇。
既決《きけつ》	案件の採否が決定されていること。	↕	未決《みけつ》	案件の採否がまだ決定されていないこと。
既婚《きこん》	結婚していること。	↕	未婚《みこん》	結婚していないこと。
既定《きてい》	すでに決まっていること。	↕	未定《みてい》	まだ決まっていないこと。
起点《きてん》	出発するところ。線分の始まりの点。＝始点。	↕	終点《しゅうてん》	終わりとなるところ。線分の終わりの点。
凶作《きょうさく》	作物が著しく不作であること。	↕	豊作《ほうさく》	作物が平年より多く収穫できたこと。
強大《きょうだい》	力が非常に強いこと。	↕	弱小《じゃくしょう》	力が非常に弱いこと。

共用《きょうよう》	何人かで共同して使用すること。	↔	専用《せんよう》	一人で使用すること。
拒絶《きょぜつ》	要求、依頼を断ること。	↔	受諾《じゅだく》	要求、依頼を引き受けること。
起立《きりつ》	座席から立ち上がること。	↔	着席《ちゃくせき》	座席に着くこと。座ること。
帰路《きろ》	帰りの道、道程。＝復路。	↔	往路《おうろ》	往きの道、道程。
近視《きんし》	遠くのものを鮮明に見ることができない目の状態。	↔	遠視《えんし》	近くのものを鮮明に見ることができない目の状態。
偶然《ぐうぜん》	何の因果もなく。たまたま。	↔	必然《ひつぜん》	必ずそうなると決まっているさま。
黒星《くろぼし》	勝負に負けたことを表す印。	↔	白星《しろぼし》	勝負に勝ったことを表す印。
軽視《けいし》	ものごとを軽んずること。	↔	重視《じゅうし》	ものごとを重く受け止めること。
軽傷《けいしょう》	程度の軽い負傷。かすり傷。	↔	重傷《じゅうしょう》	程度の重い負傷。深手。
下校《げこう》	家に帰るために学校を出ること。	↔	登校《とうこう》	学校に行くこと。
欠席《けっせき》	授業、会議などに出ないこと。	↔	出席《しゅっせき》	授業、会議などに出ること。
下品《げひん》	品格を欠いていること。	↔	上品《じょうひん》	品格を十分に備えていること。

建設《けんせつ》	建物や組織などをつくること。	↕	破壊《はかい》	建物や組織などを壊すこと。
原則《げんそく》	多くに共通する基本的なことがら。	↕	例外《れいがい》	原則に当てはまらないことがら。
兼任《けんにん》	二つ以上の職務を兼ねること。	↕	専任《せんにん》	一つの職務に専念すること。
公海《こうかい》	領海以外の海洋。特定の国の主権は及ばない。	↕	領海《りょうかい》	特定の国家の主権が及ぶ海洋。沿岸から一二海里の範囲。
広義《こうぎ》	意味を広く解釈すること。	↕	狭義《きょうぎ》	意味を狭く解釈すること。
好況《こうきょう》	経済活動が活発で景気が良いこと。	↕	不況《ふきょう》	経済活動が不活発で景気が悪いこと。
孝行《こうこう》	親を敬い、尽くすこと。	↕	不孝《ふこう》	親に十分に尽くさないこと。
後述《こうじゅつ》	後で述べること。	↕	前述《ぜんじゅつ》	先に述べること。
攻勢《こうせい》	攻めたてること。攻めようとする態勢。	↕	守勢《しゅせい》	守りを主とすること。守る態勢。
公設《こうせつ》	国や地方公共団体が設けること。	↕	私設《しせつ》	民間が設けること。
肯定《こうてい》	認めること。同意すること。	↕	否定《ひてい》	認めないこと。同意しないこと。
幸福《こうふく》	満ち足りていて幸せなこと。	↕	不幸《ふこう》	幸せに欠け、不運であること。

国営《こくえい》	国が運営すること。	↕	民営《みんえい》	民間の団体が運営すること。
最小《さいしょう》	最も小さいこと。	↕	最大《さいだい》	最も大きいこと。
最少《さいしょう》	最も少ないこと。	↕	最多《さいた》	最も多いこと。
歳入《さいにゅう》	財政における収入。	↕	歳出《さいしゅつ》	財政における支出。
鎖国《さこく》	外国との交流、交易を厳しく制限すること。	↕	開国《かいこく》	鎖国をやめ、外国との交流、交易を始めること。
酸化《さんか》	物質が酸素と化合すること。	↕	還元《かんげん》	酸化されている物質から酸素を取り除くこと。
子音《しいん》	発音するときに息をつめるよう出す音。T、Sなどの音。	↕	母音《ぼいん》	日本語では、あ、い、う、え、おの五つの音。
私費《しひ》	個人で負担する費用。	↕	公費《こうひ》	国や地方公共団体などが負担する費用。＝官費。
終業《しゅうぎょう》	授業や業務を終えること。	↕	始業《しぎょう》	授業や業務を始めること。
集合《しゅうごう》	一カ所に集めること。集まること。	↕	解散《かいさん》	集合した人などが別れ散ること。
従属《じゅうぞく》	ほかのものに従うこと。	↕	独立《どくりつ》	なにものにも従わないこと。「支配」も対義語で、ほかのものを思いのままにすること。
主観《しゅかん》	個人的な見方、考え方。	↕	客観《きゃっかん》	個人の主観ではなく、一般的で普遍的な見方、考え方。

出荷《しゅっか》	荷物を発送すること。市場へ品物を出すこと。	↕	入荷《にゅうか》	荷物が商店などに届くこと。市場に品物が入ってくること。
出発《しゅっぱつ》	目的の場所に出かけること。	↕	到着《とうちゃく》	目的の場所に着くこと。
需要《じゅよう》	必要とすること。	↕	供給《きょうきゅう》	必要に応じて与えること。
小額《しょうがく》	小さい金額。	↕	高額《こうがく》	大きな金額。
少額《しょうがく》	少ない金額。	↕	多額《たがく》	額が多いこと。
上昇《じょうしょう》	のぼること。	↕	下降《かこう》	くだること。＝降下。
消費《しょうひ》	物品などを使うこと。費やすこと。	↕	生産《せいさん》	物品などをつくること。
序幕《じょまく》	オペラや芝居などの最初の一幕。	↕	終幕《しゅうまく》	オペラや芝居などの最後の一幕。フィナーレ。
人工《じんこう》	人の手が加わったもの。あるいは人がつくり出したもの。	↕	天然《てんねん》	自然のままのもの、あるいはそうした状態。
申請《しんせい》	公の機関に認可や許可を願い出ること。	↕	受理《じゅり》	願い出を受け付けること。
慎重《しんちょう》	落ち着いていて注意深いこと。	↕	軽率《けいそつ》	軽はずみなさま。
成魚《せいぎょ》	一人前に成長した魚。	↕	稚魚《ちぎょ》	子どもの魚。

成功《せいこう》　うまくいくこと。成し遂げること。相当な財産や地位を得ること。　↕　失敗《しっぱい》　しくじること。やりそこなうこと。

正当《せいとう》　道理にかなっていること。穏当なこと。　↕　不当《ふとう》　道理にかなっていないこと。「失当」は類義語。

正道《せいどう》　正しい行いややり方。　↕　邪道《じゃどう》　正しくない行いややり方。

精密《せいみつ》　細部まで注意深くつくられていること。　↕　粗雑《そざつ》　粗っぽく雑なさま。

積極《せっきょく》　ものごとを自分から進んで行うこと。　↕　消極《しょうきょく》　ものごとを自分から進んでは行わないこと。

絶対《ぜったい》　他との関係性をもたず、単独で成り立っていること。　↕　相対《そうたい》　他との関係性の中で成り立つこと。

先発《せんぱつ》　先に出発すること。　↕　後発《こうはつ》　遅れて出発すること。

増収《ぞうしゅう》　収入が増えること。　↕　減収《げんしゅう》　収入が減ること。

草食《そうしょく》　動物が植物を主食とすること。　↕　肉食《にくしょく》　動物が肉類を主食とすること。

創造《そうぞう》　新しいものや考えなどをつくり出すこと。　↕　模倣《もほう》　すでにあるものや考え方などをまねること。

祖先《そせん》　先祖。　↕　子孫《しそん》　子と孫。また、そののちの世代。＝後裔（こうえい）、末裔（まつえい）。

退職《たいしょく》　勤めを退くこと。　↕　就職《しゅうしょく》　勤めを始めること。

短期《たんき》	短い期間。	↕	長期《ちょうき》	長い期間。
地上《ちじょう》	地面の上。	↕	地下《ちか》	地面の下。
着工《ちゃっこう》	建築など工事を開始すること。	↕	落成《らくせい》	工事が終わり、完成すること。
直線《ちょくせん》	二点間を最短距離で結ぶ線。まっすぐな線。	↕	曲線《きょくせん》	曲がった線。
定期《ていき》	期限、期日などを一定とすること。また、その期間。	↕	臨時《りんじ》	定期のものでないこと。その場限りで行われること。
統一《とういつ》	一つにまとめること。	↕	分裂《ぶんれつ》	いくつかに分かれること。
同居《どうきょ》	一緒に住んで生活すること。	↕	別居《べっきょ》	別々の場所で生活すること。
鈍感《どんかん》	ものごとや感情などの変化を十分に感じ取れないこと。感覚が鈍いこと。	↕	敏感《びんかん》	ものごとや感情などの変化をすぐに感じ取ること。感覚が鋭いこと。
内面《ないめん》	内側の面。心理に関する面。	↕	外面《がいめん》	外側の面。外見。
軟球《なんきゅう》	比較的柔らかいボール。野球、テニス、卓球などにある。	↕	硬球《こうきゅう》	比較的硬いボール。
能動《のうどう》	働きかけること。	↕	受動《じゅどう》	働きかけられること。
背面《はいめん》	背中の面。体の後ろ側。	↕	正面《しょうめん》	体が向いている面。前面。

薄給《はっきゅう》	給与が安いこと。	↕	高給《こうきゅう》	給与が高いこと。
派手《はで》	服装や行動が華やかで目をひくさま。	↕	地味《じみ》	華やかさがなく控えめなさま。
被告《ひこく》	民事訴訟を起こされた側。なお、刑事裁判では被告人という。	↕	原告《げんこく》	民事訴訟を起こした者。
非番《ひばん》	当番にあたっていないこと。	↕	当番《とうばん》	交代でやる仕事で、その番に当たること。
複雑《ふくざつ》	構造や関係が込み入っていること。	↕	単純《たんじゅん》	込み入ってなく簡単なさま。
復習《ふくしゅう》	教わったことを繰り返して学ぶこと。	↕	予習《よしゅう》	教えられる予定のことを事前に学習すること。
平和《へいわ》	争いごとがない穏やかな状態。	↕	戦争《せんそう》	たがいに相手を打ち負かそうと争うこと。
便利《べんり》	役に立つこと。都合が良いこと。	↕	不便《ふべん》	便利でないこと。
邦画《ほうが》	日本映画。日本画。	↕	洋画《ようが》	西洋の絵画。欧米で制作された映画。
未熟《みじゅく》	まだ十分な段階に達していないこと。	↕	成熟《せいじゅく》	十分に成長すること。
有利《ゆうり》	利益があること。	↕	不利《ふり》	不利益をこうむりそうなこと。
理想《りそう》	もっとも望ましくすばらしい状態。	↕	現実《げんじつ》	事実としてある、今のありのままの状態。

理論《りろん》	さまざまな事象を体系的に組み立て、説明すること。	↕	実践《じっせん》	理論や考えに基づいて実際に行動すること。
安心《あんしん》	不安がなく心が落ち着いていること。	↕	心配《しんぱい》	気にかかることがあって落ち着かないこと。
一部《いちぶ》	全体の中のある部分。	↕	全体《ぜんたい》	全部。総体。
加法《かほう》	足し算。	↕	減法《げんぽう》	引き算。
過疎《かそ》	まばらなこと。ある地域の人口が少なすぎること。	↕	過密《かみつ》	詰まっていること。人口が集中しすぎていること。
館内《かんない》	図書館などの中。	↕	館外《かんがい》	図書館などの外。
許可《きょか》	ある行為をしても良いと許すこと。	↕	禁止《きんし》	ある行為をやめさせること。
勤勉《きんべん》	仕事や勉強などに励むこと。	↕	怠惰《たいだ》	仕事や勉強などを怠けること。
原因《げんいん》	あることが起こるきっかけになったこと。	↕	結果《けっか》	あることが起こったことによって生み出された状態。
好調《こうちょう》	調子が良いこと。	↕	不調《ふちょう》	調子が悪いこと。
高温《こうおん》	必要な温度に対してそれより高い温度。	↕	低温《ていおん》	必要な温度に対してそれより低い温度。
合憲《ごうけん》	憲法に違反しないこと。	↕	違憲《いけん》	憲法に違反すること。

国内《こくない》	国の中。	↕	国外《こくがい》	国の外。
収斂《しゅうれん》	一点に集中すること。	↕	拡散《かくさん》	回りに広がること。
拾得《しゅうとく》	拾うこと。	↕	遺失《いしつ》	なくすこと。
前進《ぜんしん》	前に進むこと。	↕	後退《こうたい》	後ろに進むこと。
全部《ぜんぶ》	すべて。みんな。	↕	一部《いちぶ》	全体の部分。
増加《ぞうか》	数量が多くなること。	↕	減少《げんしょう》	数量が少なくなること。
値《ね》上《あ》げ	値段を上げること、上がること。	↕	値《ね》下《さ》げ	値段を下げること、下がること。
長所《ちょうしょ》	良いところ。	↕	短所《たんしょ》	足りないところ。欠点。
適法《てきほう》	法律に則（のっと）っていること。	↕	違法《いほう》	法律に違反すること。
服従《ふくじゅう》	従うこと。	↕	反抗《はんこう》	手向かうこと。
分散《ぶんさん》	散らばること。	↕	集中《しゅうちゅう》	一点に集まること。
本業《ほんぎょう》	中心的な仕事。	↕	副業《ふくぎょう》	本業以外の仕事。

利益《りえき》　もうけ。 ↕ 損失《そんしつ》　もうけを失うこと。

理性《りせい》　概念的に思考できる能力。 ↕ 感性《かんせい》　感じたことに左右される心の動き。

例外《れいがい》　原則に当てはまらない事例。 ↕ 原則《げんそく》　多くの場合に当てはまる法則や規則。

老人《ろうじん》　高齢者。 ↕ 若者《わかもの》　年の若い人。

進化《しんか》　生物などが環境に合わせて変化すること。 ↕ 退化《たいか》　進化する以前の状態に戻ること。

優勢《ゆうせい》　勢いがほかに比べ勝っている状態。 ↕ 劣勢《れっせい》　勢いがほかに比べ劣っている状態。

平凡《へいぼん》　とくに優れたことがなく普通であること。 ↕ 非凡《ひぼん》　普通より優れていること。

先進《せんしん》　年齢・地位などが進んでいること。 ↕ 後進《こうしん》　年齢・地位などがおくれていること。

前衛《ぜんえい》　前方の守り。 ↕ 後衛《こうえい》　後方の守り。

入室《にゅうしつ》　部屋に入ること。 ↕ 退室《たいしつ》　部屋から出ること。

刹那《せつな》　一瞬。ほんの短い時間。 ↕ 永劫《えいごう》　極めて長い時間。「ようごう」とも読む。

悪筆《あくひつ》　字が下手なこと。 ↕ 達筆《たっぴつ》　字が上手なこと。

形容詞

◆それぞれある形容詞の意味が書かれていますので、その形容詞を平仮名で書きましょう。ヒントとしてその形容詞の最初の文字が【　】内に示されています。ただし、それぞれ相当する別な言葉がある場合もあります。下段解説の漢字には当て字もあります。

未熟で世間知らずだ。青草の匂いがする。【あ——】
あおくさい
【青臭い】——い意見。

程度がすぎて、たちが悪い。どぎつい。【あ——】
あくどい
——い商売。——い化粧。

おもしろみがない。つまらない。【あ——】
あじけない
【味気ない】「あじきない」とも。

恥じる気持ちや遠慮がなく、ずうずうしい。【あ——】
あつかましい
【厚かましい】——い態度。

手ごたえがなく、ものたらない。【あ——】
あっけない
【呆気ない】——い試合だった。

無邪気でかわいらしい。【あ——】
あどけない
まだ——い子ども。

心配や不安を抱かせない。【あ——】
あぶなげない
【危な気ない】彼なら——くできる。

不審だ。疑わしい。悪化しそうだ。【あ——】
あやしい
【怪しい】「妖しい」は「霊妙だ」の意。

粗雑だ。勢いが激しい。乱暴で手荒い。【あ——】
あらあらしい
【粗粗しい／荒荒しい】——い男。

薄くほのかな感じである。あわあわしい。【あ——】
あわい
【淡い】——い紫色。——い恋心。

あやしげだ。道徳上みだらである。【い——】
いかがわしい
【如何わしい】——い客引きの男。

堅苦しくごつい感じだ。【い——】
いかつい
【厳つい】——い顔の先生。

未練がましくなくさっぱりしている。潔白だ。【い―】
いさぎよい
【潔い】―く負けを認める。

勇敢だ。勇壮だ。【い―】
いさましい
【勇ましい】―く災害現場に入る。

貪欲《どんよく》さが甚だしい。【い―】
いじきたない
【意地汚い】―く食べ続けている。

けなげで痛々しく同情したくなる感じだ。【い―】
いじらしい
涙をこらえる子どもの姿が―い。

目をそむけたくなるほど痛々しい。【い―】
いたましい
【痛ましい／傷ましい】―い事故。

かわいくて大事にしたい気持ちだ。気の毒だ。【い―】
いとおしい
【愛おしい】どの子も―い。

あどけない。幼い。【い―】
いとけない
【稚い／幼い】―い子どもの姿。

恋しくて慕わしい。かわいい。気の毒だ。【い―】
いとしい
【愛しい】彼女が―い。

怪しい。疑わしい。【い―】
いぶかしい
【訝しい】行動に―い点がある。

現代風だ。今っぽい。【い―】
いまめかしい
【今めかしい】―いファッション。

嫌な感じだ。不吉だ。【い―】
いまわしい
【忌まわしい】過去を―く思う。

身分が低い。下品だ。意地汚い。【い―】
いやしい
【卑しい／賤しい】金には―い。

もの慣れない感じで若輩だ。【う―】
ういういしい
【初々しい】―い新入社員。

煩《わずら》わしい。くどくてうるさい。【う―】
うざったい
何度も来て―いやつだ。

やましい気持ちがある。気がかりだ。【う―】
うしろめたい
【後ろめたい】―い気持ちがある。

どことなく汚い。不純な感じがする。【う―】
うすぎたない
【薄汚い】―いやり方に見える。

高く積み重なっている。【う―】
うずたかい
【堆い】―く積まれた材木。

気が重く晴れ晴れしない。煩わしい。【う―】
うっとうしい
【鬱陶しい】前髪が―い。

疎遠だ。関わりが薄い。知識が不十分だ。【う―】
うとい
【疎い】メカに―い。

礼儀正しく丁寧だ。【う―】
うやうやしい
【恭しい】―く挨拶をする。

憎らしくて恨みたい。残念だ。【う―】
うらめしい
【恨めしい／怨めしい】失敗が―い。

他人の能力などがねたましい。【う―】
うらやましい
【羨ましい】王様の生活が―い。

気高く美しい。心温まる感じだ。機嫌がよい。【う―】
うるわしい
【麗しい】―い友情だ。

露骨でいやらしい感じだ。情け容赦《ようしゃ》ない。【え―】
えげつない
―いことを言うな。

上品で深みがあり、心がひかれる感じだ。【お―】
おくゆかしい
【奥床しい】―い人だ。

身のほどをわきまえない。ばかげている。【お―】
おこがましい
【痴がましい／烏滸がましい】

相手に無理に押し付ける感じだ。【お―】
おしつけがましい
【押し付けがましい】―い親切。

出ししぶることがない。【お―】
おしみない
【惜しみない】―い喝采を贈る。

ぞっとするほど嫌な感じだ。【お―】
おぞましい
【悍ましい】―い事件だ。

身分の高い人に対し失礼だ。身に過ぎる。【お―】
おそれおおい
【恐れ多い／畏れ多い】―いお言葉。

大人としての思慮に欠ける。大人らしくない。【お―】
おとなげない
【大人気ない】―いことをするな。

数えきれないほど多い。程度が甚だしい。【お―】
おびただしい
【夥しい】―数の来場者。

頼りない。不確かだ。しっかりしていない。【お―】
おぼつかない
【覚束ない】―記憶をたどる。

思い通りだ。よい方向に行っている。【お―】
おもわしい
【思わしい】―い進展は見られない。

いかにも感謝を強いるようだ。【お―】
おんきせがましい
【恩着せがましい】言い方が―い。

身に過ぎてありがたい。恐れ多い。面目ない。【か―】
かたじけない
【忝い／辱い】ご好意―く存じます。

強欲で抜け目がない。【が―】	がめつい	―いやつだ。
深くしみじみと感じる。【か―】	かんがいぶかい	【感慨深い】―い話だった。
よい香りがする。好ましい。感心すべきだ。【か―】	かんばしい	【芳しい／香しい】成績が―くない。
言動が洗練されていない。なめらかでない。【ぎ―】	ぎこちない	まだ動きが―い。
互いの気持ちが打ち解けず気づまりだ。【き―】	きまずい	【気まずい】―い雰囲気になった。
汚れなくきれいだ。純粋だ。欲がない。【き―】	きよい	【清い／浄い】―い心。
義理を大切にし、律儀だ。【ぎ―】	ぎりがたい	【義理堅い】―く挨拶は欠かさない。
しつこく、煩わしい。どぎつい。【く―】	くどい	【諄い】話が―い。
近寄りがたいぐらい品格がある。【け―】	けだかい	【気高い】―い心。
慌ただしい。（大きな音が）騒々しい。【け―】	けたたましい	―くサイレンが鳴り響く。
派手で品がない。どぎつい。【け―】	けばけばしい	―い服装でやってきた。
ほんのりこげたよい香りがする。【こ―】	こうばしい	【香ばしい／芳ばしい】―い焼鳥。

申し訳なく、気がとがめる。気の毒でつらい。【こ―】	こころぐるしい	【心苦しい】―いが金は貸せない。
利口ぶって生意気だ。ずるくて抜け目ない。【こ―】	こざかしい	【小賢しい】―い口を利くな。
丈夫そうでごつごつしている。無骨だ。【ご―】	ごつい	―い体つき。
出しゃばる感じだ。余計なことかもしれない。【さ―】	さしでがましい	【差し出がましい】―いようだが。
なにげない。【さ―】	さりげない	【然りげない】―く通り過ぎる。
控えめでいじらしい。けなげだ。可憐《かれん》だ。【し―】	しおらしい	―い女性に心ひかれる。
やむを得ない。どうにもならない。【し―】	しかたない	【仕方ない】―く回り道をする。
だらしない。しまりがない。【し―】	しど(け)ない	―い姿にあぜんとする。
耐えられない。我慢できない。【し―】	しのびない	聞くに―い話だ。
湿り気が多い。話などが陰気くさい。【し―】	しめっぽい	【湿っぽい】―い話になってきた。
見え透いたさま。知らない振りをする。【し―】	しらじらしい	【白白しい】実に―い。
厚かましい。恥知らずだ。【ず―】	ずうずうしい	【図図しい】―い男だ。

さわやかで心地がよい。【す―】	すがすがしい	【清清しい】―い朝だ。
恋しさや悲しみで胸がしめつけられるようだ。【せ―】	せつない	【切ない】なんて―い話だろう。
忙しくて落ち着かない。せかせかしている。【せ―】	せわし（な）い	【忙し（な）い】―く働いている。
落ち着きがなく慎重さに欠ける。【そ―】	そそ（っ）かしい	―いのでよく忘れ物をする。
思いやりが感じられない。愛想がない。【そ―】	そっけない	【素っ気ない】―い返事をされる。
並ぶものがない。比べるものがない。【た―】	たぐいない	【類いない】―き才能。
身分が高い。尊敬すべき価値がある。【た―】	たっとい	【尊い／貴い】その精神が―い。
（未熟で）なめらかでない。しっかりしていない。【た―】	たどたどしい	―いしゃべり方。
気をゆるめることがない。油断しない。【た―】	たゆみない	【弛みない】―い努力。
あてにならない。心もとない。【た―】	たよりない	【頼りない】彼では―い。
張り合いがない。分別がない。正気でない。【た―】	たわいない	【他愛ない】―い相手だ。
身のほどをわきまえない態度が滑稽《こっけい》だ。【ち―】	ちゃんちゃらおかしい	でかい口を利いて―い。

下手《へた》である。おろかだ。不運だ。【つ―】
つたない
【拙い】―い文章。

ひかえめだ。質素だ。【つ―】
つつましい
【慎ましい】―く暮らす。

思いやりがない。冷淡だ。【つ―】
つれない
―い返事をされた。

身分が高い。尊敬すべき価値がある。【と―】
とうとい
【尊い／貴い】その精神が―い。

意地悪でとげがある。とげ立っている。【と―】
とげとげしい
【刺刺しい】―い毒舌を吐かれる。

洗練されてなく、やぼったい。土くさい。【ど―】
どろくさい
【泥臭い】演技が―い。

のろくさい。間が抜けている。【ど―】
どんくさい
【鈍臭い】仕事が―い。

情けなく、憤りを感じるぐらい残念だ。【な―】
なげかわしい
【嘆かわしい】汚職の多さが―い。

心残りが多く、別れがたい。【な―】
なごりおしい
【名残惜しい】友との別れが―い。

ふがいなくて嘆かわしい。みじめだ。【な―】
なさけない
【情けない】泣くとは―い。

とくに意図もない。さりげない。【な―】
なにげない
【何気ない】―いひとこと。

（とくに女性が）色っぽく魅力的だ。【な―】
なまめかしい
【艶かしい】―い白い肌。

涙が出るほど感心だ。【な―】	なみだぐましい	【涙ぐましい】―い努力が実を結ぶ。
似合っている。ふさわしい。【に―】	につかわしい	【似つかわしい】―い服装。
羨《うらや》ましくて憎らしい。【ね―】	ねたましい	【妬ましい】彼の生活が―い。
しつこい。ねちねちしている。【ね―】	ねち（っ）こい	―い攻撃にうんざりする。
むなしく消えやすい。不確かだ。【は―】	はかない	【果かない／儚い】―い恋。
順調に進んでいる。はかどっている。【は―】	はかばかしい	【捗捗しい】あまり―くない。
思うようにいかず、もどかしい。【は―】	はがゆい	【歯痒い】連絡がとれず―い。
下品でみっともない。中途半端だ。【は―】	はしたない	人前で―いことをするな。
激しい。程度が普通を超えている。【は―】	はなはだしい	【甚だしい】勘違いが―い。
ひどく空腹である。【ひ―】	ひもじい	若い頃はよく―い思いをした。
意気地がない。頼りにならない。【ふ―】	ふがいない	【不甲斐ない／腑甲斐ない】
似つかわしい。分相応だ。ぴったりだ。【ふ―】	ふさわしい	【相応しい】君ならこの仕事に―い。

憎らしいぐらい図太く平然と構えている。【ふ―】
ふてぶてしい
―い態度だ。

似ていて区別がつきにくい。【ま―】
まぎらわしい
【紛らわしい】―い名前だ。

のろくていらいらするさま。【ま―】
まどろっこしい
「まどろい」「まどろこい」とも。

まぶしい。まぶしいぐらい美しい。【ま―】
まばゆい
【眩い／目映い】―いほどの美女。

親しいのに他人行儀だ。水っぽい。【み―】
みずくさい
【水臭い】私に言わないとは―い。

外見が貧相である。粗末である。【み―】
みすぼらしい
【見窄らしい】―い建物。

つやがあって新鮮そうである。【み―】
みずみずしい
【瑞瑞しい／水水しい】―い野菜。

体裁《ていさい》が悪い。見るにたえない。【み―】
みっともない
―いまねをするな。

けちで細かい。しみったれだ。【み―】
みみっちい
―いことを言うな。

あきらめが悪い。潔くない。未練くさい。【み―】
みれんがましい
【未練がましい】―いことを言うな。

むごい。思いやりがなく残酷だ。【む―】
むご(た)らしい
【惨(た)らしい／酷(た)らしい】

だらしなく、汚らしい。【む―】
むさくるしい
「むさい」とも。―い部屋。

仲がよい。【む―】	むつまじい	【睦まじい】夫婦の仲―い姿。
胸が詰まって息が苦しい。【む―】	むなぐるしい	【胸苦しい】―気持ち。
無益である。空虚だ。はかない。【む―】	むなしい	【空しい／虚しい】―い時間。
目が回るほど動きや変化が早い。【め―】	めまぐるしい	【目紛しい】―く順位が替わる。
振る舞いなどが柔弱である。【め―】	めめしい	【女々しい】そんな―い態度をとるな。
見つけるのが俊敏だ。目が覚めやすい。【め―】	めざとい	【目敏い】―く発見する。
目立っている。取り上げる価値がある。【め―】	めぼしい	―い品はありましたか。
恥ずかしくて合わせる顔がない。【め―】	めんぼくない	【面目ない】「めんもくない」とも。
無駄にするのが惜しい。恐縮だ。【も―】	もったいない	【勿体ない】捨てるなんて―い。
いかにも道理にかなっているようだ。【も―】	もっともらしい	【尤もらしい】―い言いわけ。
思うようにならず、じれったい。【も―】	もどかしい	言葉が通じず―い。
心が重く晴れやかでない。【も―】	ものうい	【物憂い】「懶い」とも。

壊れやすい。【も—】	もろい	【脆い】鉄も鍛えないと—い。
洗練されていない感じがする。やぼくさい。【や—】	やぼったい	【野暮ったい】—い服装。
後ろ暗いことがあり、良心がとがめる。【や—】	やましい	【疚しい／疾しい】—いことはない。
やむを得ない。しかたがない。【や—】	やむない	【止むない／已むない】—いことだ。
複雑でわかりづらい。煩わしい。【や—】	ややこしい	話が—い。
思いを晴らせず、せつない。しかたない。【や—】	やるせない	【遣る瀬ない】失恋の—い思い。
なんとなく見たり聞いたりしたい。【ゆ—】	ゆかしい	【床しい】彼女は—い人柄だ。
神聖で恐れ多い、憚《はばか》られる。恐ろしい。【ゆ—】	ゆゆしい	【由々しい】—い一大事。
きりりと引き締まっている。【り—】	りりしい	【凛凛しい】—い青年。
うんざりして悩ましい。煩雑で面倒だ。【わ—】	わずらわしい	【煩わしい】人間関係が—い。
孤独で寂しい。静かで寂しい。みすぼらしい。【わ—】	わびしい	【侘しい】一人—く暮らす。
しようがない。隔てがない。【わ—】	わりない	【理無い】彼とは—い仲だ。

副詞

◆それぞれある副詞の意味が書かれていますので、その副詞を平仮名で書きましょう。ヒントとしてその副詞の最初の文字が【 】内に示されています。ただし、それぞれ相当する別な言葉がある場合もあります。下段解説の漢字には当て字もあります。

期待通りでなく残念なさま。【あ―】
あいにく
【生憎】―父は外出しています。

強いて。無理に。特に（〜ない）。【あ―】
あえて
【敢えて】―言わなくてもよい。

まるで。ちょうど。（〜のように／のごとし）。【あ―】
あたかも
【恰も／宛も】―地獄のような光景。

あわてふためくさま。【あ―】
あたふた
―しながら入ってきた。

必ずしも。一概には。（〜ない）。【あ―】
あながち
【強ち】―うそとは言えない。

何もかも。残らず。【あ―】
あらいざらい
【洗い浚い】―白状する。

あやうく。もう少しで。【あ―】
あわや
―大惨事だった。

どう考えても。まことに。【い―】
いかにも
【如何にも】―高そうだ。

無駄に。むなしく。【い―】
いたずらに
【徒に】―時間を費やす。

一つ一つ。【い―】
いちいち
【一一】そんなこと―聞くな。

全然。まったく。（〜ない）。【い―】
いっこう（に）
【一向（に）】―動かない。

まったく。全然。（〜ない）。【い―】
いっさい
【一切】やましいことは―ない。

むしろ。思い切って。【い―】	いっそ	【一層】―断ってしまえばよい。
いまもって。今になってもまだ。【い―】	いまだ(に)	【未だ(に)】―究明されていない。
今までに一度も(～ない)。【い―】	いまだかつて	【未だ嘗て】―見たことがない。
普通とは違って。妙に。変に。【い―】	いやに	【嫌に】今日は―おとなしい。
思いどおりにならず、いらだつさま。【い―】	いらいら	渋滞に―する。
心がゆるんでいて不注意なさま。【う―】	うかうか	―してるとだまされるよ。
同じことの繰り返しで飽き飽きしたというさま。【う―】	うんざり	長い話に―する。
たぶん。きっと。(～だろう)。【お―】	おそらく	【恐らく】―彼は知らないだろう。
おびえたり自信を失い落ち着きを失うさま。【お―】	おどおど	―した表情。
約。そもそも。まったく(～ない)。【お―】	およそ	【凡そ】―人間たる者は。
どうしてよいかわからず、取り乱すさま。【お―】	おろおろ	怒鳴り声に―する。
全部が全部(～ではない)。【か―】	かならずしも	【必ずしも】―うそとは言えない。

以前から。【か―】	かねがね	【予予／兼兼】―お話は聞いている。
前もって。あらかじめ。【か―】	かねて	【予て】―お知らせした通り。
まったく。全然。まるっきり。(〜ない)。【か―】	から(っ)きし	―わかってない。
決して(〜ない)。かりそめにも。【か―】	かりにも	【仮にも】―殴ってはいけない。
なんとかぎりぎりのところで。からくも。【か―】	かろうじて	【辛うじて】―危機を脱した。
必ず。【き―】	きっと	【屹度／急度】―来るにちがいない。
はっきりしないさま。小さい声で不満を言うさま。【ぐ―】	ぐずぐず	いつまでも―しているな。
どうでもいいことを、繰り返して言うさま。【く―】	くだくだ	―文句ばかり言う。
すみずみまで徹底的に。【く―】	くまなく	【隈無く】部屋中を―捜す。
ささいなことを、いつまでも気にするさま。【く―】	くよくよ	―していられない。
何度も繰り返すさま。繰り返し心を込めて。【く―】	くれぐれ(も)	【呉呉(も)】―お体に気をつけて。
十分でないが満足できる程度に。それなりに。【け―】	けっこう	【結構】―おもしろい。

必ず。どうしても。絶対に。（～ない）。【け―】	けっして	【決して】―やってはいけない。
やはり。なんといっても。【さ―】	さすが	【流石】―俳優だけのことはある。
気分、性格がさっぱりしているさま。【さ―】	さばさば	―（と）した人だ。
それほど。さして。（～ない）。【さ―】	さほど	【然程】―痛くはない。
少しも。まったく。（～ない）。【さ―】	さらさら	【更更】そんな気は―ない。
しばしば。むやみに。【し―】	しきりに	【頻りに】―辺りを見回す。
しょっちゅう。たびたび。【し―】	しばしば	【屡屡】―彼を見かける。
心に深く感じるさま。つくづく。【し―】	しみじみ	やってよかったと―感じた。
厚かましく、恥を知らないさま。【し―】	しゃあしゃあ	よくも―とそんなこと言えたな。
すぐに。間髪入れず。【す―】	すかさず	【透かさず】―にらみ返した。
いくら少なく見ても。【す―】	すくなく（と）も	【少なく（と）も】―百個はある。
できる限り一生懸命に。たかだか。【せ―】	せいぜい	【精精】―練習しとけよ。

わざわざ。特別なこと。【せ―】	せっかく	【折角】―来ていただいたのに。
どうしても。なんとしても。【ぜ―】	ぜひ	【是非】「必ず」の意もある。
十分ではないが、少なくともここまでは。【せ―】	せめて	―顔ぐらい見せてくれ。
まったく(～ない)。【ぜ―】	ぜんぜん	【全然】―できない。
元来。どだい。【そ―】	そもそも	【抑／抑抑】―そこがおかしい。
相手の勢いに押されて尻込みするさま。【た―】	たじたじ	妻の追及に―となる。
またたくまに。にわかに。【た―】	たちまち	【忽ち】―いなくなった。
もし(～ても／とも)。【た―】	たとえ／たとい	【仮令】―損をしたとしても。
おそらく。大方は。【た―】	たぶん	【多分】―大丈夫だろう。
偶然に。まれに。【た―】	たまたま	【偶偶】駅で―彼に会った。
腹いっぱい。【た―】	たらふく	【鱈腹】寿司を―食った。
決して(～ない)。断固として。【だ―】	だんじて	【断じて】―許さない。

する気もないのに何かの拍子でしてしまうさま。【つ―】	ついつい	―言ってしまった。
よくよく。念を入れて。つらつら。【つ―】	つくづく	【熟／熟熟】―（と）考えると。
すなわち。要するに。【つ―】	つまり	【詰まり】―こういうことだ。
なにとぞ。【ど―】	どうか	―許してください。
どんなにしても（〜ない）。結局。【と―】	とうてい	【到底】―かなわない。
とっくに。すでにずっと前に。【と―】	とうに	【疾うに】そんなこと―知っている。
なんとなく。どうにか。【ど―】	どうやら	―でき上がったようだ。
不安や期待で心臓の鼓動が高まるさま。【ど―】	どきどき	合格発表を―しながら待つ。
ときには。ときどき。【と―】	ときとして	【時として】―大失敗もある。
不意をつかれたりしてうろたえるさま。【ど―】	どぎまぎ	急に発言を求められ―した。
暴れたり、あわてふためくさま。【ど―】	どたばた	―（と）走り回る。
すぐさま。即座に。【と―】	とっさに	【咄嗟に】―身をかわした。

急に。不意に。とみに。【と—】	とつぜん	【突然】—飛び出してきた。
とにかく。【と—】	ともかく（も）	【兎も角（も）】「とにもかくにも」とも。
特に。中でもこれが。ことに。【と—】	とりわけ	【取分】—それが目立っている。
前にもまして。ますます。【な—】	なおさら	【尚更】—よくない。
とても。容易には。それなりに。【な—】	なかなか	【中中】—うまくいかない。
できるだけ。なるたけ。【な—】	なるべく	【成る可く】—早いほうがよい。
生まれつき。もとから。【ね—】	ね（っ）から	【根（っ）から】—鉄道が好きだ。
あることだけにひたむきに。いちずに。【ひ—】	ひたすら	【只管／一向】ただ—勉強する。
もっぱら。ひたすら。単に。【ひ—】	ひとえに	【偏に】これも—君のおかげだ。
他と比べて一段と。ひとしお。【ひ—】	ひときわ	【一際】—目立っている。
その通りと考えられる。確かに。まさに。【ま—】	まさしく	【正しく】—本物だ。
確かに。まさしく。ちょうど今。【ま—】	まさに	【正に／将に（ちょうど今の意）】

目の前に現出しているように感じられるさま。【ま—】	まざまざ	—（と）見せつけられた。
（二者を比べ後者は）いうまでもなく。いわんや。【ま—】	まして	【況して】—当人ならなおさらだ。
じっくりとものなどを見つめるさま。【ま—】	まじまじ	—（と）見つめる。
いまだに。もっと。さらに。【ま—】	まだ	【未だ】名前は—ない。
あたかも。ちょうど。全然（～ない）。【ま—】	まるで	【丸で】—怪物のように。
事態が思い通りになるさま。うまくいくさま。【ま—】	まんまと	—逃げ切った。
少しも。いささかも。（～ない）。【み—】	みじんも	【微塵も】そんな気は—ない。
見ている間に。たちまち。【み—】	みるみる（うちに）	【見る見る（うちに）】—変化した。
なすすべもなく。深い考えもなく。【む】	むざむざ	犯人を—取り逃がすとは。
どちらかを選ぶとすれば。いっそ。【む】	むしろ	【寧ろ】—寝ていたほうがましだ。
もどかしいさま。むずがゆいさま。【む—】	むずむず	早く行きたくて—する。
突然起きあがるさま。【む—】	むっくと	「むっくりと」「むくと」とも。

言うまでもなく明らかに。もちろん。【む―】	むろん	【無論】それは―君が正しい。
まれにしか。ほとんど。（〜ない）。【め―】	めったに	【滅多に】そんなことは―ない。
かりに。万一。（〜なら／たら／ば）。【も―】	もし	【若し】―天気が悪ければ。
虫が動くさま。落ち着かずに体を動かすさま。【も―】	もぞもぞ	袋の中で―している。
言うまでもなく。むろん。【も―】	もちろん	【勿論】そんなこと―知っている。
それ（一つのこと）だけをするさま。【も―】	もっぱら	【専ら】―受験勉強をしている。
気をもんで、いらだつさま。【や―】	やきもき	渋滞に―する。
むやみ。みだり。【や―】	やたら	【矢鱈】―うるさい。
心では望んでいるさま。程度の多いさま。【や―】	やまやま	【山山】行きたいのは―だが。
十分に。たっぷり。【ゆ―】	ゆうに	【優に】―百キロを超える。
満足に。まともに。ろくすっぽ。（〜ない）。【ろ―】	ろくに	【陸に／碌に】―知らない。
期待に胸をふくらませているさま。【わ―】	わくわく	―しながら待つ。

慣用句

◆それぞれある慣用句の意味と、その慣用句が「　」内に書かれています。（　）に入る言葉を漢字または平仮名で書きましょう。

相手の行いにあきれて嫌になる。「愛想《あいそ》が（　）きる」	尽《つ》
あきれること。「あいた（　）が塞《ふさ》がらない」	口《くち》
相手の話に合わせてうなずく。「相槌《あいづち》を（　）つ」	打《う》
まったくの他人であること。「（　）の他人《たにん》」	赤《あか》
大勢の前で失敗して恥ずかしい思いをする。「赤《あか》（　）をかく」	恥《はじ》
落ち着かない。考えがしっかりしていない。「足《あし》が（　）に着《つ》かない」	地《ち》
足取りが露見する。「足《あし》が（　）く」	付《つ》
予算より出費がかさむこと。「足《あし》が（　）る」	出《で》
行かなくなった。「足《あし》が（　）のく」	遠《とお》
魚など、食品がいたみやすいこと。「（　）が早《はや》い」	足《あし》
疲れ果てた様子。「足《あし》が（　）になる」	棒《ぼう》
無意識にもその方へ行く。「足《あし》が（　）く」	向《む》

外出、通行を妨げられる。「足留《あしど》めを（　）う」	食《く》
みんなが揃《そろ》って同じ行動をする。「足並《あしな》みを（　）える」	揃《そろ》
適当な方に向かっていく。「足《あし》に（　）せる」	任《まか》
物事をなすときのよりどころを失うこと。「足場《あしば》を（　）う」	失《うしな》
軽快に歩くさま。「足下《あしもと》が（　）い」	軽《かる》
危険がすぐそこまできている。「足下《あしもと》に（　）がつく」	火《ひ》
良くないことをやめる。単に仕事などをやめる。「足《あし》を（　）う」	洗《あら》
一度経験したことのうまみを忘れない。「味《あじ》を（　）める」	占《し》
相手の不注意につけ込んで失敗させる。「足《あし》を（　）う」	すく
費用が予算を超える。「足《あし》を（　）す」	出《だ》
ついでにさらに遠くに行く。くつろぐ。「足《あし》を（　）ばす」	伸《の》
わざわざ出向く。「足《あし》を（　）ぶ」	運《はこ》

仲間の前進の邪魔《じゃま》をする。「足《あし》を（　）る」	引《ひ》っ張《ぱ》
結果を考えずにとにかく行動に移してみる。「当《あ》たって（　）けよ」	砕《くだ》
相手に押されて対等に振る舞えない。「頭《あたま》が（　）がらない」	上《あ》
相手に敬服する。「頭《あたま》が（　）がる」	下《さ》
腹が立つ。「頭《あたま》に（　）る」	来《く》
勢力を伸ばしてくる。「頭《あたま》を（　）げる」	上《あ》
難題などを前に考え込む。「頭《あたま》を（　）える」	抱《かか》
失敗して恥じるさま。「頭《あたま》を（　）く」	か
参加する。「頭《あたま》を（　）込《こ》む」	突《つ》っ
相手に対してへりくだった態度をとる。「頭《あたま》を（　）くする」	低《ひく》
興奮した気持ちを落ち着かせる。「頭《あたま》を（　）やす」	冷《ひ》
賛成しない、承知しないの意を表す。「頭《あたま》を（　）る」	振《ふ》

ほんの瞬間に。「あっという（　）に」　間《ま》

驚かせる。「あっと（　）わせる」　言《い》

恥ずかしくてどこかに隠れたい様子。「穴《あな》があったら（　）りたい」　入《はい》

じっと見つめる。「穴《あな》の開《あ》くほど（　）る」　見《み》

思った通り。「案《あん》の（　）」　定《じょう》

激しく呼吸するさま。「息《いき》が（　）れる」　切《き》

運動などをして息が弾んでいるさま。「（　）を切《き》らす」　息《いき》

驚いたりしてふっと息を止める。「息《いき》を（　）む」　飲《の》

経験を積んだことによってその人に調和してくること。「（　）に付《つ》く」　板《いた》

心遣いが十分に行き届いていること。「至《いた》れり（　）せり」　尽《つ》

成算もなく勢いだけで実行すること。「一《いち》か（　）か」　八《ばち》

全部。すべて。「一《いち》から（　）まで」　十《じゅう》

他のことには目もくれず一つのことだけを行う。「一《いち》にも（　）にも」 — 二《に》

一員として関係する。「一枚《いちまい》（　）む」 — 噛《か》

優れていることを認め敬う。「（　）を置《お》く」 — 一目《いちもく》

すぐに承知すること。「一《いち》もなく（　）もなく」 — 二《に》

少しでも認められる理由がある。「一《いち》（　）ある」 — 理《り》

はかりごとをめぐらせる。「一計《いっけい》を（　）じる」 — 案《あん》

だまされる。「一杯《いっぱい》（　）う」 — 食《く》

今すぐあらわれるかと思いながら待つこと。「今《いま》か（　）かと」 — 今《いま》

飽きるほどたくさん。「いやというほど（　）」 — 程《ほど》

最上だと思っていてもさらに上があること。「上《うえ》には（　）がある」 — 上《うえ》

心配事で気分が晴れない様子。「（　）ない顔《かお》」 — 浮《う》か

逃げ腰になる。「浮《う》き足《あし》（　）つ」 — 立《だ》

技術が熟練している。腕前がよい。「腕《うで》が（　）つ」	立《た》
自分の技量を見せたくてうずうずしているさま。「腕《うで》が（　）る」	鳴《な》
技量などに自信がある。「腕《うで》に（　）えがある」	覚《おぼ》
力の続く限り。「腕《うで》に（　）せて」	任《まか》
上達する。「腕《うで》を（　）げる」	上《あ》
技量を発揮する機会を待つ。「腕《うで》を（　）らす」	鳴《な》
腕前を発揮する。「腕《うで》を（　）るう」	振《ふ》
技量をあげるために一層努力する。「腕《うで》を（　）く」	磨《みが》
気が合うこと。「（　）が合《あ》う」	馬《うま》
思っていたのと逆の結果になる。「裏《うら》（　）に出《で》る」	目《め》
相手の計略を出し抜く。「裏《うら》を（　）」	かく
兄弟姉妹がよく似ていること。「瓜《うり》（　）つ」	二《ふた》

別なことが気になって集中できない。「上《うわ》の（　）」	空《そら》
もう手段がなく最期《さいご》をむかえる。「運《うん》の（　）き」	尽《つ》
小さい投資で大きく儲《もう》けること。「（　）でたいを釣《つ》る」	えび
物事を誇大に言う。「（　）をたたく」	大口《おおぐち》
堂々と行動するさま。「大手《おおで》を（　）って」	振《ふ》
できそうもないことを吹聴《ふいちょう》する。「大風呂敷《おおぶろしき》を（　）げる」	広《ひろ》
ひどく怒られる。「大目玉《おおめだま》を（　）う」	食《く》
人の得意芸などを同じようにやってのけること。「お（　）を奪《うば》う」	株《かぶ》
自信のある最後の手段を用いる。「奥《おく》の手《て》を（　）す」	出《だ》
一途《いちず》に意思を貫こうとすること。「押《お》しの（　）」	一《いっ》手《て》
多くの人から認められている実力がある。「押《お》しも（　）されもせぬ」	押《お》
適当なことを言ってその場を取り繕う。「お茶《ちゃ》を（　）す」	濁《にご》

義侠心《ぎきょうしん》など、男としての要素で評判になる。「男《おとこ》を（　）げる」　上《あ》

現実味に欠けた話をからかう言い方。「鬼《おに》が（　）う」　笑《わら》

気にする人がいないあいだをのんびりすごす。「鬼《おに》の居《い》ぬ間《ま》に（　）」　洗濯《せんたく》

非情な人にもときには情に流されることもあるということ。「鬼《おに》の目《め》にも（　）」　涙《なみだ》

上位の人に目を掛けられている。「覚《おぼ》えが（　）たい」　めで

自分の経験の中にあったと気がつく。「思《おも》い（　）たる」　当《あ》

やっとのことで仕事などを始める。「重《おも》い腰《こし》を（　）げる」　上《あ》

想像だにしていない。「思《おも》いも（　）ない」　よら

恋心を抱く。期待をする。「想《おも》いを（　）ける」　掛《か》

故郷など遠くにあるものを想う。「思《おも》いを（　）せる」　馳《は》

積年の恨みを晴らす。「思《おも》いを（　）らす」　晴《は》

計画通りにことが運ぶ。「思《おも》う壺《つぼ》に（　）る」　はま

慣用句

重要視する。「重《おも》きを（　）く」	置《お》
内々で解決することなどを公にする。「（　）沙汰《ざた》にする」	表《おもて》
てれくさいさま。「（　）はゆい思《おも》いをした」	面《おも》
親の意見も聞かず、子が自分勝手な振る舞いをする。「親《おや》の心《こころ》（　）知《し》らず」	子《こ》
生活の面倒を親に見てもらう。「親《おや》の脛《すね》を（　）る」	かじ
自分の子どもはよく見える。「親《おや》の（　）目《め》」	欲《よく》
能力は不足だが。「（　）ながら手助《てだす》けをしよう」	及《およ》ばず
確かだという保証がついている。「折《お》り（　）つき」	紙《がみ》
少しかけた恩を相手にありがたがらせる。「恩《おん》に（　）せる」	着《き》
真っ青になること。「顔色《がんしょく》を（　）う」	失《うしな》
面目がなくて人に会えない。「顔《かお》が（　）わせられない」	合《あ》
有名になる。「顔《かお》が（　）れる」	売《う》

見知っている人が多くて、便宜をはかってくれる。「顔《かお》が（　）く」　利《き》

会合などに必要な人がみな出席する。「顔《かお》が（　）う」　揃《そろ》

体面が保たれる。「顔《かお》が（　）つ」　立《た》

広く付き合っている。「顔《かお》が（　）い」　広《ひろ》

恥ずかしくて顔が赤くなる。「顔《かお》から（　）が出《で》る」　火《ひ》

恥をかかせる。「顔《かお》に（　）を塗《ぬ》る」　泥《どろ》

相手の力に圧倒されること。「顔《かお》（　）け」　負《ま》

初めて人に顔を見せること。「顔《かお》（　）せ」　見《み》

顔を合わせることができない。「顔《かお》（　）けならない」　向《む》

頼まれて、人にあったりする。「顔《かお》を（　）す」　貸《か》

ちょっと立ち寄る。出席する。「顔《かお》を（　）す」　出《だ》

関係が切れないようにたまに会ったりする。「顔《かお》を（　）ぐ」　つな

思わず笑顔になる。「顔《かお》を（　）ばす」　ほころ

問題の核心を知っている。「鍵《かぎ》を（　）る」　握《にぎ》

問題の本質をつく。「核心《かくしん》に（　）れる」　触《ふ》

数が見当がつかないほど多い。「数《かず》を（　）らず」　知《し》

初夏に心地よく吹く風の形容。「風《かぜ》（　）る」　薫《かお》

音信のこと。「風《かぜ》の（　）り」　便《たよ》

つかまえどころがないこと。「風《かぜ》を（　）む」　つか

凝りがとれる。責任がなくなる。「肩《かた》が（　）くなる」　軽《かる》

緊張してくつろげない。「肩《かた》が（　）る」　凝《こ》

物事の始末が付く。「片《かた》が（　）く」　付《つ》

息が苦しそうなさま。「肩《かた》で（　）をする」　息《いき》

威勢がよい態度を示す。「肩《かた》で（　）をきる」　風《かぜ》

仕事などがいちだんらくしてほっとする。「肩《かた》の（　）を下《お》ろす」　荷《に》

仕事（特に悪事）に加わる。「片棒《かたぼう》を（　）ぐ」　担《かつ》

世間の人に面目がたたない。「肩身《かたみ》が（　）い」　狭《せま》

がっかりしたさま。「肩《かた》を（　）とす」　落《お》

協力する。「肩《かた》を（　）す」　貸《か》

並び立つこと。対等となること。「肩《かた》を（　）べる」　並《なら》

味方する。ひいきする。「肩《かた》を（　）つ」　持《も》

中身はともかく見かけを整えること。「格好《かっこう》が（　）く」　付《つ》

進んで引き受ける。「買《か》って（　）る」　出《で》

説明に納得する。「（　）がいく」　合点《がてん》

財産が多いさま。「金《かね》が（　）る」　唸《うな》

金銭の影響力が大きいことの例え。「金《かね》がものを（　）う」　言《い》

費用がかかること。「金《かね》を（　）う」	食《く》
やっと聞き取れるほどの小さい声。「蚊《か》の鳴《な》くような（　）」	声《こえ》
評判が高まる。「株《かぶ》が（　）がる」	上《あ》
負けを認める。降参する。「兜《かぶと》を（　）ぐ」	脱《ぬ》
良くも悪くもない。「可《か》もなく（　）もなし」	不可《ふか》
すぐに風呂《ふろ》からあがること。「（　）の行水《ぎょうずい》」	烏《からす》
暇になる。「体《からだ》が（　）く」	空《あ》
経験で技術などを身に付ける。「体《からだ》で（　）える」	覚《おぼ》
努力をいとうこと。「体《からだ》を（　）しむ」	惜《お》
体をかけて事に当たる。「体《からだ》を（　）る」	張《は》
その人にふさわしくない。「（　）にもない」	柄《がら》
恩義に報いる。仕返しをする。「借《か》りを（　）す」	返《かえ》

感動する。「感《かん》（　）まる」	極《きわ》
商売などがはやらない。「閑古鳥《かんこどり》が（　）く」	鳴《な》
あてにする。「勘定《かんじょう》に（　）れる」	入《い》
まったく関心がない。「（　）にない」	眼中《がんちゅう》
物事の核心をとらえる。「勘所《かんどころ》を（　）さえる」	押《お》
もうこれ以上我慢できない。「堪忍袋《かんにんぶくろ》の（　）が切《き》れる」	緒《お》
看板は立派だが中身が伴わない。「看板《かんばん》（　）れ」	倒《だお》
飲食店などがその日の営業を終えること。「看板《かんばん》を（　）ろす」	下《お》
関心がある。 恋心がある。「（　）がある」	気《き》
いろいろなものに興味や関心が向くこと。「気《き》が（　）い」	多《おお》
心配事などがあって気持ちが沈む。「気《き》が（　）い」	重《おも》
いろいろなことに気がつく。「気《き》が（　）く」	利《き》

心配する。「気《き》が（　）でない」	気《き》
暗い気分になること。「気《き》が（　）む」	沈《しず》
満足する。「気《き》が（　）む」	済《す》
周りが気になって集中できない。「気《き》が（　）る」	散《ち》
意識が薄れていく。「気《き》が（　）くなる」	遠《とお》
興味がわかない。「気《き》が（　）らない」	乗《の》
申し訳なく、うしろめたい気持ちがすること。「気《き》が（　）ける」	引《ひ》
別なことをすることで心配事がしばらく心から離れる。「気《き》が（　）れる」	紛《まぎ》
細かいところまでよく気が付くこと。「気《き》が（　）る」	回《まわ》
興味が出る。「気《き》が（　）く」	向《む》
気になっていることがあって落ち着かない。「気《き》が（　）める」	揉《も》
緊張が解けてほっとする。「気《き》が（　）む」	緩《ゆる》

聞き漏らすまいと話に集中する。「聞《き》き（　）を立《た》てる」　耳《みみ》

お互いがお互いの性格をわきまえている。「気《き》心《ごころ》が（　）れる」　知《し》

状況に合わせた行動が取れる。「機《き》転《てん》が（　）く」　利《き》

仕事などが順調に進むようになること。「軌《き》道《どう》に（　）る」　乗《の》

嫌いだ。好きになれそうにない。「気《き》に（　）わない」　食《く》

気分を害される。「気《き》に（　）る」　障《さわ》

決着する。「決《き》まりが（　）く」　付《つ》

何となく恥ずかしい。面《めん》目《ぼく》ない。「（　）が悪《わる》い」　きまり

人々から注目される。「脚光《きゃっこう》を（　）びる」　浴《あ》

突然の事態を何とかして切り抜ける。「急《きゅう》場《ば》を（　）ぐ」　凌《しの》

やる気を出す。「気《き》を（　）れる」　入《い》

落胆する。「気《き》を（　）とす」　落《お》

失礼のないように配慮する。「気《き》を（　）る」　配《くば》

気を使い果たす。退屈する。「気《き》を（　）くす」　尽《つ》

他のものに注意が行ってしまう。「気《き》を（　）られる」　取《と》

相手の関心が自分に向くようにする。「気《き》を（　）く」　引《ひ》

念を押す。「釘《くぎ》を（　）す」　刺《さ》

同じことを言おうと相談する。「（　）を合《あ》わせる」　口裏《くちうら》

話し上手《じょうず》なこと。「口《くち》が（　）い」　うま

何に対してもあれこれと言う。「口《くち》が（　）さい」　うる

口数が少ない。「口《くち》が（　）い」　重《おも》

芸人などが座敷に呼ばれる。仕事に誘われる。「口《くち》が（　）かる」　掛《か》

秘密などを口外しない。「口《くち》が（　）い」　堅《かた》

聞いたことは何でも話してしまう。「口《くち》が（　）い」　軽《かる》

味の良し悪しの判断が適切になってくる。「口《くち》が（　）える」　肥《こ》

秘密などをうっかり話してしまう。「口《くち》が（　）る」　滑《すべ》

料理の味が好みに合う。「口《くち》に（　）う」　合《あ》

誘う。「口《くち》を（　）ける」　掛《か》

仲裁《ちゅうさい》に入る。仕事などを紹介する。「口《くち》を（　）く」　利《き》

いちばん始めに発言する。「口《くち》を（　）る」　切《き》

みんなが同じことを言う。「口《くち》を（　）える」　揃《そろ》

会話に割り込んで意見を言う。「口《くち》を（　）す」　出《だ》

食べ物を食べたり、飲み物を飲んだりすること。「口《くち》を（　）ける」　付《つ》

話そうとしない。「口《くち》を（　）ざす」　閉《と》

暮らし向きを立てる。「口《くち》を（　）ごす」　過《す》

行った悪事についてそしらぬふりをする。「口《くち》を（　）う」　拭《ぬぐ》

横から話に割り込んで意見を言うこと。「口《くち》を（　）む」　挟《はさ》

白状する。「（　）を割《わ》る」　口《くち》

解雇を免れる。「首が（　）がる」　繋《つな》

借金を返済できず、どうにもならない状態。「首《くび》が（　）らない」　回《まわ》

人を疑う。「首《くび》を（　）る」　傾《かしげ》

仲間に加わる。「首《くび》を（　）っ込《こ》む」　突《つ》

待ちこがれる。「首《くび》を（　）くする」　長《なが》

納得できないと考え込む。「首《くび》を（　）る」　捻《ひね》

争いごとの是非をはっきりさせようとする。「（　）を争《あらそ》う」　黒白《こくびゃく》

特に優れている。「群《ぐん》を（　）く」　抜《ぬ》

細部にまで気を遣っている。「芸《げい》が（　）かい」　細《こま》

失敗したり、何気なくしたことがよい結果をもたらす。「怪《け》我《が》の（　）」　功名《こうみょう》

頼んだ人に解決までを一任する。「下駄《げた》を（　）ける」	預《あず》
実際よりもよく見せかける。「下駄《げた》を（　）かせる」	履《は》
物事の決着が付く。「（　）が付《つ》く」	けり
声をひそめること。「声《こえ》を（　）す」	殺《ころ》
多くの人が同じことを言う。「声《こえ》を（　）える」	揃《そろ》
声を出す。「声《こえ》を（　）てる」	立《た》
これからのことが楽しみに思われてわくわくする。「心《こころ》が（　）る」	躍《おど》
お互いに理解し合っている。「心《こころ》が（　）う」	通《かよ》
心配する。胸騒《むなさわ》ぎがする。「心《こころ》が（　）ぐ」	騒《さわ》
わくわくする気持ちになること。「心《こころ》が（　）む」	弾《はず》
残念で、未練を残すこと。「心《こころ》（　）り」	残《のこ》
気が晴れるまで、満足するまで。「（　）ゆくまで」	心《こころ》

感動を与える。「心《こころ》を（　）つ」	打《う》
信頼する。「心《こころ》を（　）す」	許《ゆる》
何事にも動じないさま。「腰《こし》が（　）わる」	据《す》
気が強い。「腰《こし》が（　）い」	強《つよ》
恐怖などに驚いて立てなくなる。「腰《こし》が（　）ける」	抜《ぬ》
低姿勢で人と接する。「腰《こし》が（　）い」	低《ひく》
強い態度で臨めない。麺類《めんるい》の歯ごたえが悪い。「腰《こし》が（　）い」	弱《よわ》
本気になって物事を行おうとする。「腰《こし》を（　）れる」	入《い》
話の途中で話しかける。気力を萎《な》えさせる。「腰《こし》を（　）る」	折《お》
覚悟を決めて事に臨む。「腰《こし》を（　）える」	据《す》
問題が大きくなる前に解決する。「事《こと》なきを（　）る」	得《え》
つい失礼なことまで言ってしまう。「言葉《ことば》が（　）ぎる」	過《す》

相手の申し出を受ける。「**言葉《ことば》に（　）える**」　**甘《あま》**

返事をする。反論する。「**言葉《ことば》を（　）す**」　**返《かえ》**

言いたいことをはっきり言わない。曖昧にしておく。「**言葉《ことば》を（　）す**」　**濁《にご》**

無駄な出費を抑える。「**財布《さいふ》の紐《ひも》を（　）める**」　**締《し》**

話の興味がそがれてよそよそしくなる。「**座《ざ》が（　）ける**」　**白《しら》**

決着を出すことを後回しにする。「**先《さき》（　）りにする**」　**送《おく》**

勢いが徐々に衰えていくこと。「**先《さき》（　）り**」　**細《ぼそ》**

相手より先に行う。「**先《さき》を（　）す**」　**越《こ》**

事の成り行きを予測する。「**先《さき》を（　）む**」　**読《よ》**

見込みがないからとあきらめること。「**（　）を投《な》げる**」　**匙《さじ》**

味の良し悪しがわかるようになる。「**舌《した》が（　）える**」　**肥《こ》**

すらすらとよくしゃべる。「**舌《した》が（　）る**」　**回《まわ》**

影で悪口を言う。「舌《した》を（　）す」　出《だ》

感心する。「舌《した》を（　）く」　巻《ま》

隠していたことが露見する。「尻尾《しっぽ》を（　）す」　出《だ》

悪事などの証拠をつかむ。「尻尾《しっぽ》を（　）む」　掴《つか》

上位のものに取り入る。「尻尾《しっぽ》を（　）る」　振《ふ》

負ける。負けて逃げる。「尻尾《しっぽ》を（　）く」　巻《ま》

経費を自分で出す。「自腹《じばら》を（　）る」　切《き》

待ちくたびれているさま。「（　）れを切《き》らす」　痺《しび》

手本の役割を果たせない。「（　）しがつかない」　示《しめ》

終わりが近づくにしたがって勢いが増すこと。「尻《しり》（　）がり」　上《あ》

ものごとが途中で終わってしまうこと。「尻《しり》（　）れとんぼ」　切《き》

最初は勢いがあったのに、だんだん衰えること。「（　）すぼみになる」　尻《しり》

強いことなどを言ってやる気を起こさせる。「**尻《しり》を（　）く**」　**叩《たた》**

他人の不始末の後始末をする。「**尻《しり》を（　）う**」　**拭《ぬぐ》**

住み慣れたところほどよいところはない。「**住《す》めば（　）**」　**都《みやこ》**

怒って立ち去る。「**（　）を蹴《け》る**」　**席《せき》**

世の中でもまれ悪賢《わるがしこ》くなっていること。「**（　）ずれ**」　**世間《せけん》**

事をなすに多少の犠牲はやむを得ない。「**背《せ》に（　）はかえられぬ**」　**腹《はら》**

先の成り行きを見通す力。「**先見《せんけん》の（　）**」　**明《めい》**

限りがない。「**（　）けのお人好《ひとよ》し**」　**底抜《そこぬ》**

儲《もう》ける下地に多少の出費はやむを得ないということ。「**損《そん》して（　）取《と》れ**」　**得《とく》**

大丈夫だと請け合うこと。「**太鼓判《たいこばん》を（　）す**」　**押《お》**

事態の推移をのんびりと傍観すること。「**高《たか》みの（　）**」　**見物《けんぶつ》**

たった今。「**今《いま》が（　）**」「**今《いま》の（　）**」　**今《いま》・今《いま》**

よどみなく話をするさま。「**立《た》て板《いた》に（　）**」　水《みず》

逆らうこと。「**親《おや》に盾《たて》を（　）く**」　突《つ》

自分に不都合なことにはふれないこと。「**（　）に上《あ》げる**」　棚《たな》

優しく温かみのある態度。「**血《ち》が（　）う**」　通《かよ》

興奮して心が躍る。うきうきする。「**（　）が騒《さわ》ぐ**」　血《ち》

力や意識を集中させること。「**力《ちから》を（　）ぐ**」　注《そそ》

努力して得られた良い結果。「**血《ち》と（　）の結晶《けっしょう》**」　汗《あせ》

名声や評判が衰える。「**地《ち》に（　）ちる**」　落《お》

ものごとに着手すること。始めること。「**緒《しょ》に（　）く**」　就《つ》

無実の人に罪をなすりつける。「**罪《つみ》を（　）せる**」　着《き》

周囲を威圧する有力者の発言。「**（　）の一声《ひとこえ》**」　鶴《つる》

世話がやけること。「**（　）がかかる**」　手《て》

細工ややり方がちみつなこと。「手《て》が（　）む」	込《こ》
あまりにひどくて、どうしようもないこと。「（　）がつけられない」	手《て》
力不足で手にできないこと。「手《て》が（　）かない」	届《とど》
行き届くこと。ある年齢や時期にもう少しで達すること。「手《て》が（　）く」	届《とど》
自分の力ではどうにもできないともてあますこと。「手《て》に（　）る」	余《あま》
自分の力ではどうにもできない。「手《て》に（　）えない」	負《お》
だれかの持ち物になること。支配下に入ること。「手《て》に（　）ちる」	落《お》
独り立ちできる技能を身につけること。「手《て》に（　）をつける」	職《しょく》
がらりと態度を変える。「掌《てのひら》を（　）す」	返《かえ》
力不足で勝負にならない。「（　）も（　）も出《で》ない」	手《て》・足《あし》
作品などを修正して整える。「手《て》を（　）れる」	入《い》
将来のために必要な対策をする。「早《はや》めに手《て》を（　）つ」	打《う》

様々な方法で試してみること。「手《て》を（　）え品《しな》を（　）え」	替《か》・替《か》
一生懸命に世話をする。「手《て》を（　）ける」	掛《か》
手伝う。手助けする。「手《て》を（　）す」	貸《か》
自分で実行する。着手する。「手《て》を（　）す」	下《くだ》
出来上がったものに、さらに補ったり、整えたりすること。「手《て》を（　）える」	加《くわ》
し始める。関《かか》わる。「手《て》を（　）める」	染《そ》
関《かか》わりを持つこと。殴《なぐ》る。「手《て》を（　）す」	出《だ》
あらゆる方法を試みる。「手《て》を（　）くす」	尽《つ》
関係を絶って、退くこと。「（　）を引《ひ》く」	手《て》
事業や仕事の規模を大きくする。「手《て》を（　）げる」	広《ひろ》
手段をめぐらすこと。密《ひそ》かに働きかけること。「手《て》を（　）す」	回《まわ》
大変うれしく感じているさま。「（　）にも昇《のぼ》る心《ここ》地《ち》」	天《てん》

病状や自然現象などが危険な状態を脱して落ち着き始める。「峠《とうげ》を（　）える」	越《こ》
悪意が含まれている。「（　）がある」	棘《とげ》
不自然なさま。「取《と》って（　）けたよう」	付《つ》
手段や方法がなくなって困惑するさま。「途方《とほう》に（　）れる」	暮《く》
きっかけをつかめないさま。「取《と》り付《つ》く（　）もない」	島《しま》
寒さや恐ろしさを味わうこと。「（　）が立《た》つ」	鳥肌《とりはだ》
考えるまでもない。話題として取り上げるまでもない。「（　）に足《た》りない」	取《と》る
どのように時間を過ごそうと。「泣《な》いても（　）っても」	笑《わら》
十分に議論され、結論が出る段階になること。「（　）詰《つ》まる」	煮《に》
威圧する。「睨《にら》みを（　）かせる」	利《き》
要領がよい。手抜かりがない。「抜《ぬ》け（　）がない」	目《め》
とても忙しいさま。「（　）の手《て》も借《か》りたい」	猫《ねこ》

土地などがとても狭いこと。「（　）の額《ひたい》」	猫《ねこ》
だれもかれも。「猫《ねこ》も（　）も」	杓子《しゃくし》
おとなしい振りをする。「猫《ねこ》を（　）る」	被《かぶ》
気が緩んでだらしなくなる。「螺子《ねじ》が（　）む」	緩《ゆる》
緩んだ気持ちを引き締める。「螺子《ねじ》を（　）く」	巻《ま》
熱中したものに興味がなくなる。「熱《ねつ》が（　）める」	冷《さ》
熱中する。「熱《ねつ》を（　）げる」	上《あ》
いつでも。四六時中。「寝《ね》ても（　）めても」	覚《さ》
恨《うら》みとして心に刻む。「根《ね》に（　）つ」	持《も》
根拠が何もない。「根《ね》も（　）もない」	葉《は》
つらさに堪えられずに弱気になる。「音《ね》を（　）げる」	上《あ》
考えに入れる。考慮に入れる。「（　）に置《お》く」	念頭《ねんとう》

目の前のおいしい料理を食べたいという様子。「喉《のど》が（　）る」	鳴《な》
欲しくてたまらない様子。「喉《のど》から（　）が出《で》る」	手《て》
相手の力が上でかなわない。どうにもならない。「（　）が立《た》たない」	歯《は》
新しく事業などを始める。「旗《はた》を（　）げる」	揚《あ》
降参する。見込みがなく中途でやめる。「旗《はた》を（　）く」	巻《ま》
気まずい。「ばつが（　）い」	悪《わる》
強い調子で励ます。「発破《はっぱ》を（　）ける」	掛《か》
相手の意向を推し量る。「（　）をうかがう」	鼻息《はないき》
いろいろなものを敏感に見つけ出す力があること。「（　）がきく」	鼻《はな》
得意げであるさま。「（　）が高い」	鼻《はな》
会話が盛り上がる。「話《はなし》が（　）む」	弾《はず》
尽きない話題に会話が盛り上がる。「話《はなし》に花《はな》が（　）く」	咲《さ》

得意なことをひけらかす。「鼻《はな》に（　）ける」　掛《か》

飽きてうんざりする。「鼻《はな》に（　）く」　付《つ》

自慢している相手をへこませる。「鼻《はな》を（　）る」　折《お》

相手を立てる。「花《はな》を（　）たせる」　持《も》

度を超す。「羽目《はめ》を（　）す」　外《はず》

覚悟して、もう動じない。「腹《はら》が（　）わる」　据《す》

しゃくにさわる。「腹《はら》が（　）つ」　立《た》

知ったことを他言せず、心中にとどめておくこと。「（　）に収《おさ》める」　腹《はら》

大笑いすること。「腹《はら》を（　）える」　抱《かか》

決心すること。覚悟すること。「腹《はら》を（　）める」　決《き》

怒ること。「腹《はら》を（　）てる」　立《た》

相手の心中を推測する。「腹《はら》を（　）む」　読《よ》

包み隠さず本心を打ち明ける。「（　）を割《わ》る」	腹《はら》
虚勢を張っている人、またはその状態。「張《は》り子《こ》の（　）」	虎《とら》
機嫌を損ねやすい人に恐る恐る接するさま。「（　）に触《さわ》るよう」	腫《は》れ物《もの》
万策尽きてもうどうにもならない。「万事《ばんじ》（　）す」	休《きゅう》
いつも同じようにくりかえすさま。「（　）で押《お》したよう」	判《はん》
好意的に見る。「贔屓目《ひいきめ》に（　）る」	見《み》
あわただしいさま。赤ん坊が激しく泣くさま。「（　）がついたように」	火《ひ》
一度始めた以上、結果を見るまでやめられない。「（　）くに（　）けない」	引《ひ》・引《ひ》
だれと比べても負けることはない。「引《ひ》けを（　）らない」	取《と》
みんなで相談する。「（　）を集《あつ》める」	額《ひたい》
少し休む。「（　）入《い》れる」	一息《ひといき》
まじめで誠実だが、だまされやすい。「（　）がいい」	人《ひと》

普通の方法ではうまく処理できない。「**一筋《ひとすじ》（　）ではいかない**」　**縄《なわ》**

見返りを求めずに人を援助する。「**一肌《ひとはだ》（　）ぐ**」　**脱《ぬ》**

人を見た目で判断してはいけない。「**人《ひと》は（　）によらぬもの**」　**見《み》かけ**

注目を集める。「**人目《ひとめ》を（　）く**」　**引《ひ》**

鉱脈を掘り当てる。転じて大もうけをする。「**一山《ひとやま》（　）てる**」　**当《あ》**

人を人でないような態度で接すること。「**人《ひと》を（　）った態度《たいど》**」　**食《く》**

思い上がって尊大に振る舞う。「**人《ひと》を（　）とも思《おも》わぬ**」　**人《ひと》**

たきつけること。「**火《ひ》に（　）を注《そそ》ぐ**」　**油《あぶら》**

活気を失いひっそりとして寂しいさま。「**火《ひ》の（　）えたよう**」　**消《き》**

災難に巻き込まれる。「**火《ひ》の（　）が降《ふ》りかかる**」　**粉《こ》**

努力したのに報われないこと。「**（　）も見《み》ずに**」　**日《ひ》の目《め》**

激しく争うこと。「**（　）を散《ち》らす**」　**火花《ひばな》**

戦いなどを始める。「**火蓋《ひぶた》を（　）る**」　**切《き》**

解雇する。「**暇《ひま》を（　）す**」　**出《だ》**

空いた時間を何かをして過ごす。「**暇《ひま》を（　）す**」　**潰《つぶ》**

多忙な中で他のことをする時間を無理につくること。「**暇《ひま》を（　）む**」　**盗《ぬす》**

外見がぱっとしない。「**風采《ふうさい》が（　）がらない**」　**上《あ》**

逃げ道のないところに追い詰められた様子。「**（　）の鼠《ねずみ》**」　**袋《ふくろ》**

ちっぽけな存在であることの例え。「**吹《ふ》けば（　）ぶような**」　**飛《と》**

（悪い）定評があること。「**（　）付《つ》き**」　**札《ふだ》**

大変優れていてほかに代えるものがない。「**（　）となない**」　**二《ふた》つ**

すぐに承諾すること。「**（　）返事《へんじ》**」　**二《ふた》つ**

物事を始める。興行を始める。「**蓋《ふた》を（　）ける**」　**開《あ》**

文章がうまい。「**筆《ふで》が（　）つ**」　**立《た》**

文章に修正を加える。「（　）を入《い》れる」	筆《ふで》
たくさんのお金を所持している。「懐《ふところ》が（　）かい」	暖《あたた》
本来問題だが、取り立てて問題にしない。「不問《ふもん》に（　）す」	付《ふ》
立て続けにひどい目に遭うこと。「踏《ふ》んだり（　）ったり」	蹴《け》
おかしくてたまらない様子。「臍《へそ》で（　）を沸《わ》かす」	茶《ちゃ》
意固地になる、すねる。機嫌を悪くする。「臍《へそ》を（　）げる」	曲《ま》
上手でもないのに好きで熱心なこと。「下手《へた》の（　）好《ず》き」	横《よこ》
理屈にもならないことを言う。「（　）理屈《りくつ》をこねる」	屁《へ》
やむをえない事情や理由を説明する。「弁明《べんめい》に（　）める」	努《つと》
知識や才能の一部をちらりと見せる。「片鱗《へんりん》を（　）す」	示《しめ》
困って泣き顔になる。「吠《ほ》え面《づら》を（　）」	かく
自ら破滅に導く原因を作る。「（　）を掘《ほ》る」	墓穴《ぼけつ》

犯人を逮捕する。「星《ほし》を（　）げる」	挙《あ》
寒さがつらい。真につらく感じる。「骨身《ほねみ》に（　）える」	応《こた》
苦労をいとわず。「骨身《ほねみ》を（　）しまず」	惜《お》
やせ細るほど苦労する。「骨身《ほねみ》を（　）る」	削《けず》
その土地で死ぬこと。一つのことに生涯取り組むこと。「骨《ほね》を（　）める」	埋《うず》
あることを成し遂げるために努力すること。「骨《ほね》を（　）る」	折《お》
欠点や、都合の悪いことがはからずも明らかになること。「襤《ぼ》褸《ろ》を（　）す」	出《だ》
本気で挑む、事に取り掛かる。「本腰《ほんごし》を（　）れる」	入《い》
ふっと悪いことに手を出してしまう。「魔《ま》が（　）す」	差《さ》
時期が悪い。言わなくてもいいときに言う。「間が（　）い」	悪《わる》
華々しく舞台が始まる。「幕《まく》を切《き》って（　）とす」	落《お》
物事・問題の大事な点を的確にとらえる。「的《まと》を（　）る」	射《い》

その時間をなんとか取り繕う。「間《ま》を（　）たせる」　持《も》

体力や健康を保てない。「身《み》が（　）たない」　持《も》

新しい土地や会社などになじめない。「水《みず》が（　）わない」　合《あ》

それまでのいざこざやわだかまりを捨て去ること。「水《みず》に（　）す」　流《なが》

静まりかえっているさま。「水《みず》を（　）つ」　打《う》

失敗し評判を落とす。「味《み》噌《そ》を（　）ける」　つ

情愛に引かれる。「身《み》に（　）される」　つま

恥ずかしくてその場を逃れたい。「身《み》の（　）がない」　置《お》き所《どころ》

人の忠告が的を射ており、はなはだ聞きづらい。「耳《みみ》が（　）い」　痛《いた》

人より早く情報を知ること。「耳《みみ》が（　）い」　早《はや》

聞いていて不快感を覚えること。「耳《みみ》（　）り」　障《ざわ》

何度も聞いていて、すっかりなじんでいること。「耳《みみ》（　）れた」　慣《な》

聞いてよかったと思われること。「耳《みみ》（　）り」	寄《よ》
信じられないことを聞いて驚くこと。「耳《みみ》を（　）う」	疑《うたが》
相談に乗る。「耳《みみ》を（　）す」	貸《か》
人の話を注意して聞く。「耳《みみ》を（　）ける」	傾《かたむ》
何かを聞くために意識を集中させる。「耳《みみ》を（　）ます」	澄《す》
集中して聞き取ろうとするさま。「耳《みみ》を（　）る」	そばだて
金銭を、不足なく用意すること。「耳《みみ》を（　）える」	揃《そろ》
自分勝手。自分の利益だけを考える。「虫《むし》が（　）」	いい
なんとなく好きになれないという様子。「虫《むし》が（　）かない」	好《す》
些細《ささい》なことでも気になり怒りっぽい状態である。「虫《むし》の（　）が悪《わる》い」	居所《いどころ》
きわめて性格が優しい様子を形容する言葉。「虫《むし》も（　）さぬ」	殺《ころ》
いやな予感がして落ち着かない。「胸《むな》（　）がする」	騒《さわ》ぎ

悲しみやうれしさに深く感動する。「胸《むね》が（　）になる」	一杯《いっぱい》
良く覚えておこうとすること。「胸《むね》に（　）む」	刻《きざ》
感動する。「胸《むね》を（　）たれる」	打《う》
上位のものに相手になってもらう。「（　）を借《か》りる」	胸《むね》
うれしくて気持ちが高ぶること。「胸《むね》を（　）せる」	ときめか
心配がなくなり、安心してほっとすること。「胸《むね》をなで（　）す」	下《お》ろ
新しい世界に入って多くの期待を持つこと。「胸《むね》を（　）らます」	膨《ふく》
見分ける能力がある。「目《め》が（　）く」	利《き》
骨董《こっとう》などを鑑識する力がついてくる。「目《め》が（　）える」	肥《こ》
良いものがわかる、見分けられる。「目《め》が（　）い」	高《たか》
非常にひどい。「目《め》に（　）る」	余《あま》
速すぎて見えない。「目《め》にも（　）まらない」	留《と》

見ていられない。「目《め》も（　）てられない」	当《あ》
興味や関心がない。「目《め》も（　）ない」	くれ
信じられないことを見て驚くこと。「（　）を疑《うたが》う」	目《め》
かわいがる。ひいきにする。「目《め》を（　）ける」	掛《か》
目を見開いて驚く、一生懸命に探し回る。「目《め》を（　）にする」	皿《さら》
怒る。「目《め》を（　）にする」	三角《さんかく》
人に見つからないように何かをする。「目《め》を（　）む」	盗《ぬす》
注意していなければならないものから目をそらす。「目《め》を（　）す」	離《はな》
きびしく見張る。「（　）を光《ひか》らせる」	目《め》
驚く。「目《め》を（　）くする」	丸《まる》
驚きや怒りによって目を見開くこと。「目《め》を（　）く」	剝《む》
願いを達成すること。「目的《もくてき》を（　）たす」	果《は》

自分にとっては不十分で満足できない。「（　）足《た》りない」　物《もの》

能力に対して与えられた仕事が軽すぎること。「（　）不足《ぶそく》」　役《やく》

落ち着いてこらえていられない。「（　）も盾《たて》もたまらない」　矢《や》

その日が来るのが待ち遠しい様子。「（　）おり数《かぞ》える」　指《ゆび》

金銭を浪費すること。「（　）のように使《つか》う」　湯水《ゆみず》

物事を順序立てて、てきぱきとこなせない。「要領《ようりょう》が（　）い」　悪《わる》

話が的確でなくわかりにくい。「要領《ようりょう》を（　）ない」　得《え》

ものぐさで何もしないさま。「横《よこ》のものを（　）にもしない」　縦《たて》

時勢に合って、用いられる。「世《よ》に（　）う」　合《あ》

世間に現れる。有名になる。「世《よ》に（　）る」　出《で》

何か一つに集中しているさま。「（　）がない」　余念《よねん》

読むべきところを読まずに先に進むこと。「読《よ》み（　）とす」　落《お》

何度も読むこと。「**読《よ》み（　）す**」　**返《かえ》**

最後まで読みきること。「**読《よ》み（　）す**」　**通《とお》**

急いで読むこと。興味のあるところだけを拾って読むこと。「**読《よ》み（　）ばす**」　**飛《と》**

努力もせずに、すぐにいくじない言葉を言う。「**（　）を吐《は》く**」　**弱音《よわね》**

いつもの通りで変わったことはない。「**（　）によって（　）の如《ごと》し**」　**例《れい》・例《れい》**

周到に準備して議論や弁論を行うこと。「**論陣《ろんじん》を（　）る**」　**張《は》**

議論をふっかける。「**論戦《ろんせん》を（　）む**」　**挑《いど》**

異なる意見の者が論じ合う。「**論戦《ろんせん》を（　）わす**」　**交《か》**

相撲で相手にまわしを取られやすい。相手につけ込まれやすい。「**（　）が甘《あま》い**」　**脇《わき》**

一生懸命。一心不乱に。「**（　）目《め》もふらずに**」　**脇《わき》**

追い詰められて何でも頼りにしてしまう。「**（　）にもすがる思《おも》い**」　**藁《わら》**

さらにはなはだしくなる。大げさに言う。「**（　）をかける**」　**輪《わ》**

ことわざ

◆それぞれあることわざの意味と、そのことわざが「 」内に書かれています。( )に入る言葉を漢字または平仮名で書きましょう。

思いがけなくいいことにであう。「開《あ》いた（　）へぼた餅《もち》」
口《くち》

会った人ともいつかは別れが来るということ。「会《あ》うは（　）れの始《はじ》め」
別《わか》

元気がないことの例え。「青菜《あおな》に（　）」
塩《しお》

師よりも弟子が優れていること。「青《あお》は藍《あい》より（　）でて藍《あい》より青《あお》し」
出《い》

秋になると日が沈むのが早いように思えること。「秋《あき》の日《ひ》は釣瓶《つるべ》（　）とし」
落《お》

悪い評判はたちまち知れるということ。「悪事《あくじ》（　）里《り》を走《はし》る」
千《せん》

労せずして得た金は浪費しがちだ。「悪銭《あくせん》（　）に付《つ》かず」
身《み》

先のことを心配してもしようがない。「明日《あした》は明日《あした》の（　）が吹《ふ》く」
風《かぜ》

身近で意外なことが突然起こる。慌ただしく始める。「足下《あしもと》から（　）が立《た》つ」
鳥《とり》

一部の欠点などを隠しただけですましていること。「頭隠《あたまかく》して（　）隠《かく》さず」
尻《しり》

おおよそ的を射ていること。「中《あた》らずといえども（　）からず」
遠《とお》

何事も余り気にしない方がよい。「（　）たるも八卦《はっけ》（　）たらぬも八卦《はっけ》」
当《あ》・当《あ》

物事を両立させることは難しい。「あちら（　）てればこちらが（　）たぬ」　立《た》・立《た》

春秋の彼岸を過ぎれば過ごしやすくなる。「暑《あつ》さ（　）さも彼岸《ひがん》まで」　寒《さむ》

いくら後悔しても取り返しが付かないこと。「（　）の祭《まつ》り」　後《あと》

適当に処理してあとは責任をとらないこと。「後《あと》は野《の》となれ（　）となれ」　山《やま》

二つのことを同時にすると中途半端になってしまうこと。「虻蜂《あぶはち》（　）らず」　取《と》

当たり前のこと。「雨《あめ》の降《ふ》る日《ひ》は（　）が悪《わる》い」　天気《てんき》

苦しいときの助けは、楽になるとすぐに忘れる。「雨晴《あめは》れて（　）を忘《わす》れる」　傘《かさ》

もめごとを解決すると、前より互いの関係がよくなる。「雨降《あめふ》って（　）固《かた》まる」　地《じ》

過ちはすぐに改めるべきである。「過《あやま》ちて（　）むるに憚《はばか》ることなかれ」　改《あらた》

大きな事件などが起こりそうな気配。「嵐《あらし》の前《まえ》の（　）けさ」　静《しず》

些細《ささい》なことから大事が破れること。「蟻《あり》の穴《あな》から（　）も崩《くず》れる」　堤《つつみ》

心配しているよりも行動すれば案外うまくいく。「案《あん》ずるより生《う》むが（　）し」　易《やす》

何事も実行するのは難しい。「言《い》うは易《やす》く行《おこな》うは（　）し」　難《かた》

抜け目なく立ち回って利益を得ること。「生《い》き馬《うま》の（　）を抜《ぬ》く」　目《め》

道理に合わないことの例え。「石《いし》が流《なが》れて木《こ》の（　）が沈《しず》む」　葉《は》

我慢していればかならず成功する。「（　）の上《うえ》にも三年《さんねん》」　石《いし》

大丈夫と思えることもしっかり調べてから始める。「石橋《いしばし》をたたいて（　）る」　渡《わた》

言うことは立派だが、行動がともなっていないこと。「医者《いしゃ》の（　）養生《ようじょう》」　不《ふ》

生活が安定すれば、人は節度ある行動をとる。「衣食《いしょく》（　）りて礼節《れいせつ》を知《し》る」　足《た》

二つとも優れていて選ぶのに迷うこと。「いずれ菖蒲《あやめ》か（　）」　杜若《かきつばた》

急ぐときは遠くても確実な道を行ったほうがよいということ。「（　）がば回《まわ》れ」　急《いそ》

危急の時の最後の手段。「鼬《いたち》の最後《さいご》（　）」　屁《へ》

一つのことを見れば他も類推できる。悪いことに使う。「一《いち》事《じ》が（　）事《じ》」　万《ばん》

待ち遠しいことの例え。「一日《いちじつ》（　）秋《しゅう》の思《おも》い」　千《せん》

少し経験がある分他人より優れている。「一日《いちじつ》の（　）」	長《ちょう》
次々と災難に見舞われる。「一難《いちなん》（　）ってまた一難《いちなん》」	去《さ》
何事も初めにじっくり準備しておくことが肝腎。「一年《いちねん》の（　）は元旦《がんたん》にあり」	計《けい》
初夢を見るときに縁起のいいもの。「一富士《いちふじ》二《に》（　）三茄子《さんなすび》」	鷹《たか》
一つのことを聞いただけで全体がわかるほど賢いこと。「一《いち》を聞《き》いて（　）を知《し》る」	十《じゅう》
将来は何が起こるかまったく分からないこと。「一寸先《いっすんさき》は（　）」	闇《やみ》
どんな意見にも理はあるから、軽んじてはいけない。「一寸《いっすん》の（　）にも五分《ごぶ》の魂《たましい》」	虫《むし》
親や財産がいつまでもあると思うな。「いつまでもあると思《おも》うな親《おや》と（　）」	金《かね》
あたりまえのことの例え。「犬《いぬ》が西向《にしむ》きゃ尾《お》は（　）」	東《ひがし》
わかろうともしない者に道理を説いても無駄だということ。「（　）に論語《ろんご》」	犬《いぬ》
面と向かわずに陰で虚勢を張ること。「犬《いぬ》の（　）吠《ぼ》え」	遠《とお》
何かをすれば思わぬ災難や幸運にあう。「犬《いぬ》も歩《ある》けば（　）に当《あ》たる」	棒《ぼう》

大変危険なことはしないほうがよい。「命《いのち》あっての（　）」
物種《ものだね》

長生きすればそれだけ多くの恥をかく。「命長《いのちなが》ければ（　）多《おお》し」
恥《はじ》

自分の見聞だけで世間を知った気になっている。「井《い》の中《なか》の蛙《かわず》（　）を知《し》らず」
大海《たいかい》

泣いていてもすぐ機嫌をなおす子どもの様子。「今泣《いまな》いた烏《からす》がもう（　）う」
笑《わら》

白い肌は、それだけで容姿において長所となる。「色《いろ》の（　）いは七難隠《しちなんかく》す」
白《しろ》

なんでも信仰すればありがたく感じられる。「鰯《いわし》の（　）も信心《しんじん》から」
頭《あたま》

好意を示せば、相手からも好意が返ってくる。「魚心《うおごころ》あれば（　）心《ごころ》」
水《みず》

規律もなく集まっただけの群衆。「（　）合《ごう》の衆《しゅう》」
烏《う》

同じようなことが続いて起こること。「雨《う》（　）の筍《たけのこ》」
後《ご》

ついた嘘がたまたま真実になってしまうこと。「嘘《うそ》から出《で》た（　）」
実《まこと》

嘘をついていると将来大きな悪事を働くようになる。「嘘《うそ》つきは（　）の始《はじ》まり」
泥棒《どろぼう》

良い結果をもたらすような嘘はたまには必要だ。「（　）も方便《ほうべん》」
嘘《うそ》

どんな忠告も上《うわ》の空《そら》で聞いていること。「馬《うま》の（　）に念仏《ねんぶつ》」

耳《みみ》

悪態に悪態で返すこと。やがて本格的な喧嘩《けんか》になる。「売《う》り言葉《ことば》に（　）言葉《ことば》」

買《か》い

瓜《うり》と爪《つめ》という似た字を書くときの注意。「（　）に爪《つめ》あり爪《つめ》に爪《つめ》なし」

瓜《うり》

噂をしていると、対象となっている人物が来るものだ。「噂《うわさ》をすれば（　）が差《さ》す」

影《かげ》

大きな隔たりがあること。「雲泥《うんでい》の（　）」

差《さ》

できることはすべてやった。あとは成り行きに任せる。「運《うん》を（　）に任《まか》せる」

天《てん》

表に出ず陰で助力してくれる人。「縁《えん》の下《した》の（　）持《も》ち」

力《ちから》

同じような物を作るのは無駄だ。「屋上《おくじょう》（　）を架《か》す」

屋《おく》

どんな娘も年頃になれば魅力が出る。「（　）も十八番茶《じゅうはちばんちゃ》も出花《でばな》」

鬼《おに》

中途半端で役に立たないこと。「（　）に短《みじか》し襷《たすき》に長《なが》し」

帯《おび》

窮地《きゅうち》にある者は何にでもすがろうとする。「（　）れる者《もの》は藁《わら》をも掴《つか》む」

溺《おぼ》

何事も思い立ったときに実行するのがよい。「思《おも》い立《た》ったが（　）」

吉日《きちじつ》

得意なことでも油断していると失敗することもある。「（　）の川流《かわなが》れ」	河童《かっぱ》
金で結び付いた関係は金がなくなると絶える。「金《かね》の切《き》れ目《め》が（　）の切《き》れ目《め》」	縁《えん》
幸と不幸は順にくるものだ。「禍福《かふく》は糾《あざな》える（　）の如《ごと》し」	縄《なわ》
どんなに注意しても密談は漏れやすい。「壁《かべ》に（　）あり、障子《しょうじ》に目《め》あり」	耳《みみ》
待っていればいつかは好機が訪れる。「果報《かほう》は（　）て待《ま》て」	寝《ね》
年長者の経験は貴重であるという例え。「（　）の功《こう》より年《とし》の功《こう》」	亀《かめ》
つまらないものでも、ないよりはあったほうが良い。「（　）も山《やま》の賑《にぎ》わい」	枯《か》れ木《き》
子どもを甘やかしてはいけない。「かわいい子《こ》には（　）をさせよ」	旅《たび》
寸前のところで助かること。「（　）死《し》に一生《いっしょう》を得《え》る」	九《きゅう》
細部にこだわってばかりいると全体が見えなくなる。「木《き》を見《み》て（　）を見《み》ず」	森《もり》
何気なしに言った言葉が相手の気に触って失敗を招くこと。「口《くち》は禍《わざわい》の（　）」	門《かど》
思慮深い人は、みだりに危険に手を染めない。「君子《くんし》（　）うきに近寄《ちかよ》らず」	危《あや》

小さい組織でもその長となる方がよい。「鶏口《けいこう》となるも（　）後《ご》となるなかれ」　牛《ぎゅう》

失敗と思っていたことが思いがけず成功に結び付いたこと。「怪我《けが》の（　）」　功名《こうみょう》

時間の過ぎるのは速く、しかも二度と戻らない。「光陰《こういん》（　）の如《ごと》し」　矢《や》

うまくいっていることには邪魔《じゃま》が入りやすい。「好事《こうじ》（　）多《おお》し」　魔《ま》

だれにでも失敗はあるということ。「弘法《こうぼう》にも（　）の誤《あやま》り」　筆《ふで》

あれもこれも大きな違いはない。「五十歩《ごじっぽ》（　）」　百歩《ひゃっぽ》

事を始める前に十分な備えをしておくこと。「転《ころ》ばぬ（　）の杖《つえ》」　先《さき》

親になって初めて親のありがたさがわかる。「（　）を持《も》って知《し》る親《おや》の（　）」　子《こ》・恩《おん》

自分のことはおろそかになる。「紺屋《こうや》の（　）袴《ばかま》」　白《しろ》

人より早く始めることが優位に立つ秘訣《ひけつ》だ。「先《さき》んずれば人《ひと》を（　）す」　制《せい》

得意なことでも油断していると失敗することはある。「（　）も木《き》から落《お》ちる」　猿《さる》

親友でも遠く離れれば疎遠になる。「去《さ》るものは（　）に疎《うと》し」　日々《ひび》

一人より何人かで考えたほうがいい案が出る。「**三人寄《さんにんよ》れば（　）の知恵《ちえ》**」　**文殊《もんじゅ》**

裏切り者など、内部から災いをもたらすもの。「**獅子身中《しししんちゅう》の（　）**」　**虫《むし》**

自分よりもよく知っている人に教える。「**釈迦《しゃか》に（　）**」　**説法《せっぽう》**

交際する相手によって良くも悪くもなること。「**（　）に交《まじ》われば赤《あか》くなる**」　**朱《しゅ》**

人はすぐに老いるが、学問を極めるのは難しい。「**少年老《しょうねんお》い易《やす》く（　）成《な》り難《がた》し**」　**学《がく》**

実状を知らなければ平穏でいられる。「**知《し》らぬが（　）**」　**仏《ほとけ》**

できることはすべてやり、あとは天に任せる。「**人事《じんじ》を尽《つ》くして天命《てんめい》を（　）つ**」　**待《ま》**

生きていればこそ良いこともあるかもしれない。「**死《し》んで花実《はなみ》が（　）くものか**」　**咲《さ》**

好きなものは自ずと努力できるので上達も早い。「**好《す》きこそものの（　）なれ**」　**上手《じょうず》**

小さいとき身に付いた習慣は年を取っても忘れない。「**雀百《すずめひゃく》まで（　）を忘《わす》れず**」　**踊《おどり》**

物事をなすときにあわてではいけない。「**急《せ》いては事《こと》をし（　）じる**」　**損《そん》**

指示する人が多いと、おかしななりゆきになる。「**（　）多《おお》くして船山《ふねやま》に上《のぼ》る**」　**船頭《せんどう》**

立ち去るときはきれいに始末しておく。「立《た》つ鳥《とり》（　）を濁《にご》さず」　跡《あと》

人の好みはそれぞれ違うということ。「蓼食《たでく》う（　）も好《す》きずき」　虫《むし》

思いがけなくいいことにであうこと。「（　）からぼた餅《もち》」　棚《たな》

みかけの形は同じでも、まったく内容が違うもの。「（　）とすっぽん」　月《つき》

細部にこだわり、全体をだめにしてしまうこと。「（　）を矯《た》めて（　）を殺《ころ》す」　角《つの》・牛《うし》

能力などに優れるものは憎まれやすいこと。「出《で》る（　）は打《う》たれる」　杭《くい》

手に入れてもいないのに、入れたことを空想すること。「捕《と》らぬ（　）の皮算用《かわざんよう》」　狸《たぬき》

権力者に取り入って、自分が偉そうにすること。「虎《とら》の威《い》を藉《か》る（　）」　狐《きつね》

みずから窮地に陥ってしまうこと。「飛《と》んで火《ひ》にいる（　）の虫《むし》」　夏《なつ》

人にかけた親切は回り回って自分に戻ってくる。「（　）は人《ひと》のためならず」　情《なさ》け

価値のわからない者には意味がない。「猫《ねこ》に（　）」　小判《こばん》

才能のある人はそれをひけらかさない。「能《のう》ある鷹《たか》は（　）を隠《かく》す」　爪《つめ》

同じ間違いをおかしやすいということ。「のどもと過《す》ぎれば（　）を忘《わす》れる」	熱《あつ》さ
追いつめられ、問題に取り組む覚悟を決める。「背水《はいすい》の陣《じん》を（　）く」	敷《し》
志半ばですでに年老いてしまったこと。「日暮《ひく》れて（　）遠《とお》し」	道《みち》
一時世間を騒がせても、しばらくすると忘れ去られる。「人《ひと》の（　）も七十五日《しちじゅうごにち》」	噂《うわさ》
良くても悪くても、友だちに影響される。「人《ひと》は善悪《ぜんあく》の（　）による」	友《とも》
話を聞くより自分の目で確かめた方が真実がわかる。「百《ひゃく》（　）は一見《いっけん》にしかず」	聞《ぶん》
物事は最後が肝腎《かんじん》だということ。「百里《ひゃくり》行《い》くものは（　）里《り》を半《なか》ばとす」	九十《くじゅう》
冗談が思いがけず現実になってしまうこと。「瓢箪《ひょうたん》から（　）が出《で》る」	駒《こま》
すでに起こったことは取り返しがつかない。「覆《ふく》（　）盆《ぼん》に返《かえ》らず」	水《すい》
災難の中にも一抹《いちまつ》の救いがあること。「不幸中《ふこうちゅう》の（　）い」	幸《さいわ》
価値のわからない者には意味がない。「（　）に真珠《しんじゅ》」	豚《ぶた》
冬の後に春が来るように逆境もじきに終わる。「冬来《ふゆき》たりなば（　）遠《とお》からじ」	春《はる》

知恵のないものがいくら考えても時間が無駄。「下手《へた》の（　）え休《やす》むに似《に》たり」　考《かんが》

同じ過ちを三度繰り返せば次は許されない。「仏《ほとけ》の顔《かお》も（　）度《ど》まで」　三《さん》

待っていればいつかは好機が訪れる。「待《ま》てば海路《かいろ》の（　）あり」　日和《ひより》

子どものときにつくられた性格は一生変わらない。「三《み》つ子《ご》の魂《たましい》（　）まで」　百《ひゃく》

修養を積むほど謙虚《けんきょ》になる。「実《みの》るほど（　）の下《さ》がる稲穂《いなほ》かな」　頭《こうべ》

若いころに会得した技術は年をとっても衰えないこと。「昔《むかし》とった（　）柄《づか》」　杵《きね》

自分も大差はないのに、他人の欠点をあざける。「目《め》くそ鼻《はな》くそを（　）う」　笑《わら》

口で言うのと同じくらい表情に出る。「（　）は口《くち》ほどにものを言《ゆ》う」　目《め》

初めの状態に戻ってしまい、苦労が無駄になること。「もとの（　）」　木阿弥《もくあみ》

少しばかり努力しても何の役にもたたないこと。「焼《や》け（　）に水《みず》」　石《いし》

わずかの金を惜しんだために大きな損をこうむること。「安物《やすもの》買《が》いの（　）失《うしな》い」　銭《ぜに》

弱そうに見えても柔軟なものは風雪によく耐える。「柳《やなぎ》に（　）折《お》れなし」　雪《ゆき》

仕事をするついでに別の仕事をすること。「行《ゆ》き（　）けの駄賃《だちん》」　掛《が》

どうせ頼るなら力のあるもののほうがよい。「寄《よ》らば大樹《たいじゅ》の（　）」　陰《かげ》

不運は重ねてくるということ。「（　）り目《め》に祟《たた》り目《め》」　弱《よわ》

先のことはわからない。「来年《らいねん》のことを言《い》えば（　）が笑《わら》う」　鬼《おに》

人に疑われるような行いはしないようにする。「李下《りか》に（　）を正《ただ》さず」　冠《かんむり》

言葉で言うより具体的な証拠を示した方がよい。「（　）より証拠《しょうこ》」　論《ろん》

自分へのためになる忠告は快く耳に響かないこと。「（　）は口《くち》に苦《にが》し」　良薬《りょうやく》

気の合うものは自然と集まって仲間になる。「類《るい》は（　）を呼《よ》ぶ」　友《とも》

不運が一転して幸運になること。「禍転《わざわいてん》じて（　）と為《な》す」　福《ふく》

円満な家庭には幸福が訪れるということ。「笑《わら》う（　）には福来《ふくき》たる」　門《かど》

だれにでも夫婦として相応の人がいるものだということ。「（　）れ鍋《なべ》に綴《と》じ蓋《ぶた》」　破《わ》

噂をとめることはできない。「人《ひと》の口《くち》に（　）は立《た》てられぬ」　戸《と》

四字熟語

◆それぞれある四字熟語の意味と、その四字熟語が「　」内に書かれています。○に入る漢字を書きましょう。

言いたい放題に悪口を言うこと。「悪口《あっこう》○○」	雑言《ぞうごん》
天命にまかせて心を安らかにし、名声などに拘泥《こうでい》しないこと。「安心《あんじん》○○」	立命《りゅうめい》
手がかりがないまま、手探りで探すこと。「○○模索《もさく》」	暗中《あんちゅう》
互いに気持ちがぴったり合うこと。「意気《いき》○○」	投合《とうごう》
得意満面で、元気にあふれている様子。「○○揚揚《ようよう》」	意気《いき》
多くの人が口々に同じことを言うこと。「○○同音《どうおん》」	異口《いく》
ちょっと触っただけで爆発しそうな危機的な状況のこと。「○○即発《そくはつ》」	一触《いっしょく》
言葉に出さなくても気持ちが通じ合うこと。「以心《いしん》○○」	伝心《でんしん》
川や狭い海峡などを隔てるだけの近い位置にあること。「一衣○○」	帯水《たいすい》
見ればすぐに分かること。「○○瞭然《りょうぜん》」	一目《いちもく》
人と人とのつながりが強固であることのたとえ。「一心《いっしん》○○」	同体《どうたい》
一生に一度きりの出会いのこと。「○○一会《いちえ》」	一期《いちご》

ちょっとした言葉。「一言《いちごん》○○」	半句《はんく》
とても待ち遠しく感じられること。「一日《いちじつ》○○」	千秋《せんしゅう》
飯以外に汁が一品、おかず一品の質素な食事。「一《いち》○一《いっ》○」	汁《じゅう》・菜《さい》
決心して行動に移そうとすること。「一念《いちねん》○○」	発起《ほっき》
ちょっとした仕事で楽に大金を手に入れること。「一攫《いっかく》○○」	千金《せんきん》
状況の変化で喜んだり心配したりすること。「一喜《いっき》○○」	一憂《いちゆう》
一つのことで二つの利益を得ること。「○○両得《りょうとく》」	一挙《いっきょ》
死後、極楽の同じ蓮《はちす》の上に生まれ変わること。行動を共にすること。「○○托生《たくしょう》」	一蓮《いちれん》
一つのことで二つの成果を得る。「一石《いっせき》○○」	二鳥《にちょう》
わずかな時間であることの例え。「一《いっ》○一《いっ》○」	朝《ちょう》・夕《せき》
すみやかに決断、処理すること。「一刀《いっとう》○○」	両断《りょうだん》
深い意味を裏に持っていること。「意味《いみ》○○」	深長《しんちょう》

世の中にいくらでもあるもの。「有象《うぞう》○○」（「象」は「相」を使うこともある）	無象《むぞう》
世の中の裏も表も知っている老獪《ろうかい》な人。「○千《せん》○千《せん》」	海《うみ》・山《やま》
あっという間に、あとかたもなく消えてなくなること。「雲散《うんさん》○○」	霧消《むしょう》
栄えることと衰えること。「○○盛衰《せいすい》」	栄枯《えいこ》
古いことを研究して、新しいことを知ること。「○○知新《ちしん》」	温故《おんこ》
紛糾したことがらを手際よく解決すること。「快刀《かいとう》○○」	乱麻《らんま》
美しい自然の情景、風物のこと。「○○風月《ふうげつ》」	花鳥《かちょう》
自分の都合のよいようにことを進めること。「我田《がでん》○○」	引水《いんすい》
身にしみて深く感じること。「○○無量《むりょう》」	感慨《かんがい》
よきを勧め、悪きをこらしめる。「○○懲悪《ちょうあく》」	勧善《かんぜん》
欠点がひとつもないこと。「完全《かんぜん》○○」	無欠《むけつ》
危険の瀬戸際であること。「危機《きき》○○」	一髪《いっぱつ》

困難な状況を切り抜けること。「起死《きし》○○」
回生《かいせい》

ものごとの順序。「起承《きしょう》○○」
転結《てんけつ》

昔のやり方を踏襲《とうしゅう》し、進歩がないさま。「旧態《きゅうたい》○○」
依然《いぜん》

ものごとが急速に変化し、解決に向かうこと。「○○直下《ちょっか》」
急転《きゅうてん》

器用なために、一つのことに専念できず結局大成しないこと。「器用《きよう》○○」
貧乏《びんぼう》

後にも先にも例がないこと。「○○絶後《ぜつご》」
空前《くうぜん》

現実とかけ離れた議論。「○理《り》○論《ろん》」
空《くう》・空《くう》

あつかましく、恥知らずなこと。「○○無恥《むち》」
厚顔《こうがん》

政治のあり方や役人の態度を正すこと。「綱紀《こうき》○○」
粛正《しゅくせい》

公平で正しいこと。「○○正大《せいだい》」
公明《こうめい》

対立する者、仲の悪い者同士が同じ場所に居合わせること。「○○同舟《どうしゅう》」
呉越《ごえつ》

国中に比べるものがないほどすぐれている人。「国士《こくし》○○」
無双《むそう》

阿弥陀仏《あみだぶつ》がいるとされる世界。「極楽《ごくらく》〇〇」	浄土《じょうど》
いかにも古めかしいさま。「古色《こしょく》〇〇」	蒼然《そうぜん》
肝臓、心臓、脾臓《ひぞう》、肺臓、腎臓と大腸、小腸、胆、胃、三焦《さんしょう》、膀胱《ぼうこう》。「五臓《ごぞう》〇〇」	六腑《ろっぷ》
こなごなに砕けること。「〇〇微塵《みじん》」	木端《こっぱ》
見通しや方針がまったく立たないことの例え。「五里《ごり》〇〇」	霧中《むちゅう》
言葉に表せないほど、とんでもないこと。「言語《ごんご》〇〇」	道断《どうだん》
たびたび。「再三《さいさん》〇〇」	再四《さいし》
優れた才能と美しい容貌《ようぼう》を備えている人のこと。「〇〇兼備《けんび》」	才色《さいしょく》
暖かい日と寒い日が数日周期でくり返されること。「三寒《さんかん》〇〇」	四温《しおん》
少しずつ集まって歩いたり、散らばったりする様子。「三《さん》〇五《ご》〇」	三《さん》・五《ご》
何度も頭を下げ、懇願すること。「〇拝《ばい》〇拝《はい》」	三《さん》・九《きゅう》
キリスト教の考え。「〇〇一体《いったい》」	三位《さんみ》

自分で自分をほめること。「自《じ》〇自《じ》〇」	画《が》・賛《さん》
非常に苦労すること。「〇苦《く》〇苦《く》」	四《し》・八《はっ》
自分の行いの報いを自分が受けること。「自《じ》〇自《じ》〇」	業《ごう》・得《とく》
自分の主張が一貫性を欠き、前後で矛盾《むじゅん》していること。「〇〇矛盾」	自己《じこ》
口先だけで内実のない巧みな弁舌。「〇〇三寸《さんずん》」	舌先《したさき》
転げ回って苦しむこと。「七転《しちてん》〇〇」	八倒《ばっとう》
ばらばらになること。「〇分《ぶん》〇裂《れつ》」	四《し》・五《ご》
思い通りにならず、なげやりなさま。「自《じ》〇自《じ》〇」	暴《ぼう》・棄《き》
敵が取り囲む中で孤立すること。「〇〇楚歌《そか》」	四面《しめん》
基準がひとつしかなく、融通がきかないこと。「杓子《しゃくし》〇〇」	定規《じょうぎ》
弱いものが強いものに支配される世の中。「〇肉《にく》〇食《しょく》」	弱《じゃく》・強《きょう》
思う存分に活動しているさま。「〇〇無尽《むじん》」	縦横《じゅうおう》

個性や考え方は一人ひとり違う。「十人《じゅうにん》○○」	十色《といろ》
始めから終わりまでやり方、態度が変わらないこと。「○○一貫《いっかん》」	首尾《しゅび》
ものごとが順調に進むこと。「順風《じゅんぷう》○○」	満帆《まんぱん》
人の顔ばかり気にする気の小さい人が、びくびくしているさま。「○○翼翼《よくよく》」	小心《しょうしん》
大筋を外れた取るに足らないことがら。「○○末節《まっせつ》」	枝葉《しよう》
話や行動に筋が通っていなくて、ばらばらであること。「支離《しり》○○」	滅裂《めつれつ》
すっかり心持ちを変えること。「○○一転《いってん》」	心機《しんき》
変幻自在にあらわれたり、消えたりすること。「○出《しゅつ》○没《ぼつ》」	神《しん》・鬼《き》
ものごとを大げさにいうこと。「○小《しょう》○大《だい》」	針《しん》・棒《ぼう》
宇宙に存在するすべて。「森羅《しんら》○○」	万象《ばんしょう》
頭を冷やし、足を暖めることが健康の秘訣《ひけつ》である。「○○足熱《そくねつ》」	頭寒《ずかん》
悠々自適に生活するさま。「晴《せい》○雨《う》○」	耕《こう》・読《どく》

相手を生かすも殺すも思いのままにできる絶対的な権力。「○○与《よ》奪《だつ》」　**生殺《せいさつ》**

良いことは良い、悪いことは悪いという公平無私であること。「是是《ぜぜ》○○」　**非非《ひひ》**

たくさんの客が次々に来ること。「○客《きゃく》○来《らい》」　**千《せん》・万《ばん》**

二度とないような絶好の機会のこと。「○○一遇《いちぐう》」　**千載《せんざい》**

これまでに見聞したことがないこと。「○○未聞《みもん》」　**前代《ぜんだい》**

将来が有望であること。「前途《ぜんと》○○」　**有為《ゆうい》**

さまざまに変化していく様子。「千変《せんぺん》○○」　**万化《ばんか》**

大人物は年をとってから大成するということ。「○○晩成《ばんせい》」　**大器《たいき》**

いばって大きなことを言うこと。「大言《たいげん》○○」　**壮語《そうご》**

前ぶれが大きい割りに結果が小さいこと。「大山《たいざん》○○」（～してねずみ一匹）　**鳴動《めいどう》**

図太く、恐れを知らないこと。「大胆《だいたん》○○」　**不敵《ふてき》**

小さな違いは無視して、根本的な事柄によってまとまること。「○○団結《だんけつ》」　**大同《だいどう》**

似たりよったりであること。「大同《だいどう》○○」	小異《しょうい》
前置きもなく直接本論に入ること。「○○直入《ちょくにゅう》」	単刀《たんとう》
口先でうまくごまかすこと。「○三《さん》○四《し》」	朝《ちょう》・暮《ぼ》
命令や方針がくるくると変わり、あてにならないこと。「朝《ちょう》○暮《ぼ》○」	令《れい》・改《かい》
激しい勢いでただ突き進むこと。「猪突《ちょとつ》○○」	猛進《もうしん》
最初から最後まで貫き通すこと。「徹《てっ》○徹《てつ》○」	頭《とう》・尾《び》
詩歌などが技巧がなく自然で美しいこと。飾り気がなく素直なこと。「○○無縫《むほう》」	天衣《てんい》
世の中が平和で、穏やかなこと。「天下《てんか》○○」	泰平《たいへい》
動きが非常にすばやいことの例え。「電光《でんこう》○○」	石火《せっか》
無邪気で明るいこと。「○○爛漫《らんまん》」	天真《てんしん》
天地の間に起こるさまざまな自然の変異のこと。「天変《てんぺん》○○」	地異《ちい》
状況に合わせて、すばやく機転を利かせること。「当意《とうい》○○」	即妙《そくみょう》

見かけは違うが中身は同じ。「同《どう》○異《い》○」	工《こう》・曲《きょく》
同じ仕事や環境にありながら、考えが違うこと。「同《どう》○異《い》○」	床《しょう》・夢《む》
あちこちを忙しく駆け回ること。「○奔《ほん》○走《そう》」	東《とう》・西《せい》
独りで勝手に決め、勝手に実行すること。「独断《どくだん》○○」	専行《せんこう》
独り立ちして自分の道を進むこと。「独立《どくりつ》○○」	独歩《どっぽ》
内でも外でも心配ごとが多いこと。「内《ない》○外《がい》○」	憂《ゆう》・患《かん》
忙しく各地を旅行すること。「南《なん》○北《ほく》○」	船《せん》・馬《ば》
ほとんど価値がないことをあらわす言い方。「二束《にそく》○○」	三文《さんもん》
日々絶え間なく進歩していること。「○進《しん》○歩《ぽ》」	日《にっ》・月《げっ》
議事などの成り行きが何回も変わること。「○○三転《さんてん》」	二転《にてん》
人の忠告を聞き流すこと。「馬耳《ばじ》○○」	東風《とうふう》
だれに対してもそつなくふるまう人。「八方《はっぽう》○○」	美人《びじん》

四字熟語

変化が激しいこと。「波瀾《はらん》○○」	万丈《ばんじょう》
少々疑わしいと感じること。「○信《しん》○疑《ぎ》」	半《はん》・半《はん》
うわべは美しいが、中身に乏しい言葉。「美辞《びじ》○○」	麗句《れいく》
美しい女性は短命であったり、不幸であることが多い。「○○薄命《はくめい》」	美人《びじん》
多くの、優れた人物や業績がいっせいに現れること。「○○繚乱《りょうらん》」	百花《ひゃっか》
たくさん悪者が勝手気ままにふるまうこと。「○○夜行《やこう》」	百鬼《ひゃっき》
自然の景色が美しいこと。「○○明媚《めいび》」	風光《ふうこう》
許せないほどに憎しみや恨みが深いことのたとえ。「不倶《ふぐ》○○」	戴天《たいてん》
黙って実行すること。「○○実行《じっこう》」	不言《ふげん》
夫婦の仲がとてもよいこと。「夫《ふ》○婦《ふ》○」	唱《しょう》・随《ずい》
偏ることなく、公正中立であること。「不偏《ふへん》○○」	不党《ふとう》
自分の考えを持たず、人に同調すること。「付《ふ》(附)和《わ》○○」	雷同《らいどう》

懸命に努力すること。「○骨《こつ》○身《しん》」	粉《ふん》・砕《さい》
他人にかまわず勝手気ままにふるまうこと。「○○無《ぶ》人《じん》」	傍若《ぼうじゃく》
大事なこととささいなことを取り違えること。「○○転《てん》倒《とう》」	本末《ほんまつ》
ごく短期間しか権力や地位をたもてないこと。「三日《みっか》○○」	天下《てんか》
あきっぽく、長続きしないことの例え。「三日《みっか》○○」	坊主《ぼうず》
何もしようとせずにむなしく暮らすこと。「無為《むい》○○」	徒食《としょく》
我を忘れるほど心奪われること。「無我《むが》○○」	夢中《むちゅう》
大食いをする以外に何のとりえもないこと。「○○大食《たいしょく》」	無芸《むげい》
失った評価や体面を取り返すこと。「○○挽回《ばんかい》」	名誉《めいよ》
孟子《もうし》の母がわが子の教育のために三度転居したという故事。「孟母《もうぼ》○○」	三遷《さんせん》
この世にただ一つしかないもの。「○○無二《むに》」	唯一《ゆいいつ》
勇ましく大胆なさま。「勇猛《ゆうもう》○○」	果敢《かかん》

自分の中の油断がなによりも恐ろしいということ。「油断《ゆだん》○○」　大敵《たいてき》

見かけは立派だが内容を伴っていないこと。「羊頭《ようとう》○○」　狗肉《くにく》

男女が相思相愛であること。「落花《らっか》○○」　流水《りゅうすい》

離れたり集まったりすること。「離合《りごう》○○」　集散《しゅうさん》

根拠のないうわさ話。「流言《りゅうげん》○○」　飛語《ひご》

はきはきせずに、なかなか決断が下せないこと。「優柔《ゆうじゅう》○○」　不断《ふだん》

始めは勢いがあるが終わりは勢いがなくなってしまうこと。「○頭《とう》○尾《び》」　竜《りゅう》・蛇《だ》

こつこつと努力を重ねているさま。「○○辛苦《しんく》」　粒粒《りゅうりゅう》

その時、場所、状況に応じて、適切な処置をすること。「○○応変《おうへん》」　臨機《りんき》

仏教でいう感覚器官が福徳によって清らかになること。「六根《ろっこん》○○」　清浄《しょうじょう》

日本の精神と西洋の学問、知識をあわせ持つこと。「和《わ》○洋《よう》○」　魂《こん》・才《さい》

日本と西洋の様式をうまく混ぜ合わせること。「和洋《わよう》○○」　折衷《せっちゅう》

敬語

◆それぞれ「　」内の言葉を【　】内の指示にしたがって表現しましょう。ただし、指示のない場合、またそれぞれに相当する別な表現がある場合もあります。

「挨拶《あいさつ》する」を謙譲表現に。【「お（ご）～する」「申す」を使って】	ご挨拶申し上げる
「会う」を謙譲表現に。【「お（ご）～する」を使って】	お会いする
「会う」の謙譲表現。【「～かかる」の形】	お目にかかる
「あげます」を謙譲表現に。【謙譲語を使って】	差し上げます
「預かる」を謙譲表現に。【「お（ご）～する」を使って】	お預かりする
「預ける」を尊敬表現に。【「お（ご）～なる」を使って】	お預けになる
「ありますか（問題点などが）」を丁寧な表現に。	ございますか
「案内する」を謙譲表現に。【「お（ご）～する」を使って】	ご案内する
「案内する」を謙譲表現に。【「お（ご）～上げる」を使って】	ご案内申し上げる
「案内する」を謙譲表現に。【「お（ご）～いたす」を使って】	ご案内いたします
「言う」の尊敬表現。【「～しゃる」の形】	おっしゃる
「言う」を尊敬表現に。【助動詞「（ら）れる」を使って】	言われる

「言う」を尊敬表現に。【「話」、「お～になる」を使って】	お話しになる
「言う」を尊敬表現に。【「話」、助動詞「（ら）れる」を使って】	話される
「言う」の謙譲表現。【一語の謙譲語】	申す
「言います」を謙譲表現に。【「申す」を使って】	申します
「言った」を謙譲表現で。【「申す」使って】	申し上げた
「言っていた」を謙譲表現に。【「申す」と「おる」を使って】	申し上げておりました
「言っている」を謙譲表現に。【「申す」「おる」を使って】	申しております
「言っている」を尊敬表現に。【「～しゃる」を使って】	おっしゃっています
「行く」の謙譲表現。【「参る」ではなく】	うかがう
「そこに行きます」を丁寧な表現に。【「参る」を使って】	そちらに参ります
「行く」を尊敬表現に。【「お（ご）～なる」を使って】	おいでになる
「行く」を尊敬表現に。【「～しゃる」を使って】	いらっしゃる

「行く」を尊敬表現に。【助動詞「(ら)れる」を使って】

行かれる

「行く」を謙譲表現に。【「お(ご)〜する」を使って】

お伺いする

「行きます」を謙譲表現に。【「伺う」を使って】

伺います

「行きます」を謙譲表現に。【「参る」を使って】

参ります

「行ってください」を尊敬表現に。【「お(ご)〜ください」を使って】

お越しください

「いる」の尊敬表現に。【「しゃる」を使って】

いらっしゃる

「いる」を尊敬表現に。【「お(ご)〜なる」を使って】

おいでになる

「(外出して)います」を謙譲表現に。【「おる」を使って】

おります

「いますか」を尊敬表現に。【「しゃる」を使って】

いらっしゃいますか

「いますか」を尊敬表現に。【「お(ご)〜なる」を使って】

おいでになりますか

「使いやすい」を尊敬表現に。【「お使い」を使って】

お使いになりやすい

「伺う」を別な謙譲表現に。【「聞く」を使って】

お聞きする

「伺う」を別な謙譲表現に。【「訪ねる」を使って】	お訪ねする
「受け取る」の謙譲表現。【「お（ご）～する」の形でなく】	いただく
「受け取る」を尊敬表現に。【助動詞「（ら）れる」を使って】	受け取られる
「受け取ってください」を尊敬表現に。	お受け取りください
「送ります」を謙譲表現に。【「いたす」を使って】	お送りいたします
「送ってもらう」を謙譲表現に。【「いただく」を使って】	お送りいただく
「教えてもらえませんか」を尊敬表現に。	教えてくださいませんか
「思います」の謙譲表現。【「存じ」を使って】	存じます
「買い求める」を尊敬表現に。【「お（ご）～なる」を使って】	お買い求めになる
「帰る」を尊敬表現に。【「お（ご）～なる」を使って】	お帰りになる
「書く」を尊敬表現に。【「お（ご）～なる」を使って】	お書きになる
「書く」を尊敬表現で。【助動詞「（ら）れる」を使って】	書かれる

「書いてもらった」を謙譲表現に。【「いただく」を使って】
書いていただいた

「借りる」を謙譲表現に。【「拝～する」を使って】
拝借する

「聞く」を尊敬表現に。【「～いらっしゃる」を使って】
聞いていらっしゃる

「聞く」を尊敬表現に。【助動詞「（ら）れる」を使って】
聞かれる

「聞く」を尊敬表現に。【「お（ご）～なる」を使って】
お聞きになる

「聞く」を尊敬表現に。【「耳」を使って】
お耳に入れる

「聞く」の謙譲表現。【「お（ご）～する」を使わない形】
伺う／承る

「（住所などを）聞く」を謙譲表現に。【「伺う」を使って】
お伺いする

「聞いている」を謙譲表現に。【「承る」を使って】
承っております

「聞かせてくれ」を尊敬表現に。【「お（ご）～さい」を使って】
お聞かせください

「聞きたい」を謙譲表現に。【「承る」を使って】
承りたい

「記入する」を尊敬表現に。【「お（ご）～さい」を使って】
ご記入ください

「着る」を尊敬表現に。【「召す」を使って】	お召しになる
「ください」を敬語表現で疑問に。【「いただく」を使って】	いただけませんか
「配る」を謙譲表現に。【「お配り」を使って】	お配りする
「（確認して）きます」をさらに丁寧な表現に。	参ります
「客が来ました」を尊敬表現で。【美化語も交えて】	お客様がお見えになりました
「来る」を尊敬表現に。【「〜しゃる」を使って】	いらっしゃる
「来る」を尊敬表現に。【助動詞を使って】	来られる
「来る」を尊敬表現に。【「お（ご）〜なる」「越す」を使って】	お越しになる
「来る」の尊敬表現。【「見」を使って】	見える
「来る」の謙譲表現。【一語の謙譲語】	参る／伺う
「来い」を尊敬表現に。【「お（ご）〜ください」を使って】	お越しください
「（わざわざ）来てもらい」を尊敬表現に。【「〜煩《わずら》わせ」を使って】	ご足労を煩わせ

「来ました」を尊敬表現に。【「いらっしゃる」を使って】
いらっしゃいました

「来ました」を尊敬表現に。【「見える」を使って】
お見えになりました

「くれる」を尊敬表現に。【「～さる」を使って】
くださる

「欠席する」を謙譲表現に。
欠席いたします

「欠席する」を尊敬表現に。【「お（ご）～なる」を使って】
ご欠席になる

「答える」を謙譲表現に。【「お（ご）～する」を使って】
お答えする

「混雑している」を丁寧な表現に。【「～おる」を使って】
混雑しております

「探している」を尊敬表現に。【「お（ご）～なる」を使って】
お探しになっている

「騒ぐ」を謙譲表現に。
お騒がせする

「持参する」を別な謙譲表現に。【「届ける」を使って】
お届けする

「ご質問する」を別な謙譲表現に。【「尋ねる」を使って】
お尋ねする

「指導してもらう」を謙譲表現に。【「いただく」を使って】
ご指導いただく

「指導する」を尊敬表現に。【「なさる」を使って】
指導なさる

「死ぬ」を尊敬表現に。【「お（ご）～なる」を使って。「死」以外で】
お亡くなりになる

「出演する」を尊敬表現に。【「お（ご）～なる」を使って】
ご出演になる

「出席する」を尊敬表現に。【「ご～なさる」を使って】
ご出席なさる

「出席してもらう」を謙譲表現に。【「いただく」を使って】
ご出席いただく

「紹介する」を尊敬表現に。【「お（ご）～なる」を使って】
ご紹介になる

「乗車できません」を尊敬表現に。【「ご乗車」を使って】
ご乗車になれません

「知っている」を謙譲表現に。【「存じ」を使って】
存じている

「知っています」を謙譲表現に。【「存じ」を使って】
存じております

「知らせる」を謙譲表現に。【「～入れる」を使って】
お耳に入れる

「知らせる」を謙譲表現に。【「お（ご）～する」を使って】
お知らせする

「知らせてください」を尊敬表現に。【「一報」を使って】
ご一報ください

「心配してくれた」を尊敬表現に。【「くださる」を使って】	心配してくださった
「(待たせて)すみません」をさらに丁寧な表現に。	申し訳ございません
「(〜を)しています」を尊敬表現に。【「しゃる」を使って】	していらっしゃいます
「(〜を)している」を尊敬表現に。【「なさる」を使って】	なさっています
「してもらう」を謙譲表現に。	していただく
「(忘れ物など)しないように」を尊敬表現に。	なさいませんように
「(電話を)する」を謙譲表現に。【「〜上げる」を使って】	差し上げる
「する」を尊敬表現に。【尊敬語を使って】	なさる
「する」を謙譲表現に。【謙譲語を使って】	いたす
「する」を謙譲表現に、丁寧な表現で。	いたします
「座る」を尊敬表現に。【「お(ご)〜なる」を使って。「座」以外で】	お掛けになる
「説明する」を謙譲表現で。【「お(ご)〜する」を使って】	ご説明する

「尋ねる」を謙譲表現に。【「お（ご）〜する」を使って】	お尋ねする
「訪ねる」の謙譲表現。【一語の謙譲語】	伺う
「食べる」を謙譲表現に。【謙譲語を使って】	いただく
「食べる」を尊敬表現に。【「上がる」を使って】	召し上がる
「食べる」を尊敬表現に。【助動詞「（ら）れる」を使って】	食べられる
「食べる」を尊敬表現に。【「お（ご）〜なる」を使って】	お食べになる
「だれですか」を尊敬表現に。	どなたですか
「注意しなさい」を尊敬表現に。【「お（ご）〜くださる」を使って】	ご注意ください
「使う」を尊敬表現に。【「お（ご）〜なる」を使って】	お使いになる
「使う」を尊敬表現に。【助動詞「（ら）れる」を使って】	使われる
「使う」を尊敬表現に。【「利用」を使って】	ご利用になる
「作る」を尊敬表現に。【「お（ご）〜なる」を使って】	お作りになる

「作る」を尊敬表現に。【助動詞「（ら）れる」を使って】	作られる
「伝える」を尊敬表現に。【「お（ご）～なる」を使って】	お伝えになる
「伝える」を謙譲表現に。【「お（ご）～する」を使って】	お伝えする
「連れて行く」を適切な謙譲表現に。	お連れする
「提示する」を尊敬表現に。【「お（ご）～なる」を使って】	ご提示になる
「～です」をさらに丁寧な表現に。	でございます
「黒田だ（自己紹介で）」を丁寧表現に。【短い表現で】	黒田です
「出迎える」を謙譲表現に。【「お（ご）～する」を使って】	お出迎えする
「電話する」を謙譲表現に。【「～上げる」を使って】	お電話を差し上げる
「問う」の謙譲表現。【一語の謙譲語】	伺う
「到着する」を尊敬表現に。【助動詞「（ら）れる」を使って】	到着される
「届ける」を謙譲表現に。【「お（ご）～する」を使って】	お届けする

「願う」を謙譲表現に。【「お（ご）～する」を使って】	お願いする
「寝る」を尊敬表現に。【「お（ご）～なる」を使って】	お休みになる
「残す」を尊敬表現に。【助動詞「（ら）れる」を使って】	残される
「飲む」の謙譲表現。【一語の謙譲語】	いただく
「飲む」を尊敬表現に。【「お（ご）～なる」を使わないで】	召し上がる
「話す」を尊敬表現に。【「お（ご）～なる」を使って】	お話しになる
「話す」を謙譲表現に。【「お（ご）～する」を使って】	お話しする
「話す」を尊敬表現で。【助動詞「（ら）れる」を使って】	話される
「募集する」を尊敬表現に。【助動詞「（ら）れる」を使って】	募集なさる
「待つ」を尊敬表現に。【お（ご）～くださる」を使って】	お待ちくださる
「待つ」を謙譲表現に。【「お（ご）～する」を使って】	お待ちする
「待たせる」を謙譲表現に。【「する」を使って】	お待たせする

「待ってください」を尊敬表現に。【「お（ご）～」を使って】	お待ちになってください
「（お連れ様が）待っている」を尊敬表現に。	お待ちです
「待ってください」をさらに丁寧な表現に。【「お～」を使って】	お待ちください
「集まってもらう」を謙譲表現に。【「いただく」を使って】	お集まりいただく
「見る」を謙譲表現に。【「拝～」の形】	拝見する
「見る」を尊敬表現に。【助動詞「（ら）れる」を使って】	見られる
「見る」を尊敬表現に。【「お（ご）～なる」を使って】	ご覧になる
「見せる」を謙譲表現に。【「お（ご）～かける」を使って】	お目にかける
「見せる」を謙譲表現に。【「お（ご）～する」を使って】	お見せする
「見せる」を謙譲表現に。【「さしあげる」を使って】	見せてさしあげる
「見せる」を謙譲表現に。【「入れる」を使って】	ご覧に入れる
「見かける」を謙譲表現に。【「お（ご）～する」を使って】	お見かけする

「見せてもらう」を謙譲表現に。【「拝見」を使って】	拝見いたします
「（人を）見ました」を謙譲表現に。【「お（ご）～した」を使って】	お見かけしました
「見送る」を謙譲表現に。【「お（ご）～する」を使って】	お見送りする
「迷惑をかける」を謙譲表現に。【「お（ご）～する」を使って】	ご迷惑をおかけする
「という者」を謙譲表現に。【「申す」を使って】	申す者
「持つ」を謙譲表現に。【「お（ご）～する」を使って】	お持ちする
「持つ」を尊敬表現に。【「お（ご）～なる」を使って】	お持ちになる
「持っていますか」を丁寧な表現に。	お持ちですか
「持ってきます」を謙譲表現に。【「参る」を使って】	持って参ります
「求めやすい（価格）」を尊敬表現に。【「お（ご）～なる」を使って】	お求めになりやすい
「戻ってほしい」を尊敬表現に。【「お～ください」を使って】	お戻りください
「戻ったら」を謙譲表現に。【「参る」を使って】	戻って参りましたら

「もらう」の謙譲表現。【一語の謙譲語】	いただく
「もらう」を尊敬表現に。【「お（ご）〜なる」を使って】	お受け取りになる
「もらえますか」を謙譲表現に。【「いただく」を使って】	いただけますか
「やっている」を尊敬表現に。【「なさる」を使って】	なさっている
「やる（与える）」を謙譲表現に。【「〜上げる」を使って】	差し上げる
「呼ぶ」を謙譲表現に。【「お（ご）〜する」を使って】	お呼びする
「呼ぶ」を尊敬表現に。【「お（ご）〜なる」を使って】	お呼びになる
「読む」を尊敬表現に。【助動詞「（ら）れる」を使って】	読まれる
「読む」を尊敬表現に。【「お（ご）〜なる」を使って】	お読みになる
「利用する」を尊敬表現に。【「お（ご）〜なる」を使って】	ご利用になる
「利用してもらう」を謙譲表現に。【「〜いただく」を使って】	ご利用いただく
「利用できない」を尊敬表現に。【「お（ご）〜なる」を使って】	ご利用になれません

「連絡をもらう」を謙譲表現に。【「お(ご)〜いただく」を使って】	ご連絡いただく
「見る」を尊敬語に。【「御」を使って】	御高覧《ごこうらん》
「原稿」を尊敬語に。【「原稿」を使わずに】	貴稿
「原稿」を謙譲語に。	拙稿《せっこう》
「推察」を謙譲語に。【「察」を使って】	拝察《はいさつ》
「推察」を尊敬語に。【「ご」を使って、「推察」以外で】	ご高察《こうさつ》／ご賢察《けんさつ》
「体」を尊敬語に。【「御」を使って、「御体」以外で】	御身《おんみ》
「配慮」を尊敬語に。【「配慮」を使わずに】	ご高配《こうはい》
「父」の尊称。【「ご」を使って】	ご尊父《そんぷ》（様）
「お父さん」を謙譲語的に。	父
「母」の尊称。【「ご」を使って】	ご母堂《ぼどう》（様）
「お母さん」を謙譲語的に。	母

「お父さんとお母さん」を謙譲語的に。	両親／父母
「夫人」の尊称。	令夫人（様）
「兄」の尊称。	御令兄《れいけい》（様）
「弟」の謙称。	愚弟
「息子」の尊称。	御令息（様）
「息子（自分の）」の謙称。	愚息
「自宅」の謙称。	拙宅《せったく》／陋屋《ろうおく》
「自社」の謙称。	弊社／小社
「会社」の尊称。	貴社／御社《おんしゃ》
「学校」の尊称。【「学校」を使わずに】	貴校
「自分の店」の謙称。	弊店／小店
「名前」を尊敬語に。【「御」を使って、「御名前」以外で】	御芳名《ごほうめい》

文法

◆それぞれ「　」内の言葉を指示にしたがって表現しましょう。
ただし、それぞれに相当する別な表現がある場合もあります。

「いる」を使役表現に。	いさせる	上一段活用動詞。未然形に助動詞「させる」を付ける。
「いる」を可能表現に。	いられる	上一段活用動詞。未然形に「られる」を付ける。
「する」を使役かつ可能表現に。	させられる	サ変活用動詞。「する」を「させる」に変える。
「挨拶《あいさつ》する」を使役表現に。	挨拶させる	サ変活用動詞。未然形に助動詞「せる」を付ける。
「発表する」を使役表現で、打ち消しに。	発表させない	サ変活用動詞。「させる」の未然形に助動詞「ない」を付ける。
「発表する」を可能表現に。	発表できる	サ変活用動詞「する」の可能の形は「できる」。
「紹介する」を使役表現に。	紹介させる	サ変活用動詞。「する」を「させる」に変える。
「しゃべる」を可能表現で、打ち消しに。	しゃべれない	五段活用動詞。可能動詞「しゃべれる」の未然形に助動詞「ない」を付ける。
「もらう」を可能表現に。	もらえる	五段活用動詞。可能動詞「もらえる」を使う。
「やめる」を可能表現に。	やめられる	下一段活用動詞。未然形に「られる」を付ける。
「やる」を使役表現に。	やらせる	五段活用動詞。未然形に助動詞「せる」を付ける。
「移す」を可能表現に。	移せる	五段活用動詞。可能動詞「移せる」を使う。

「育てる」を可能表現に。	**育てられる**	下一段活用動詞。未然形に助動詞「られる」を付ける。
「引き取る」を使役表現に。	**引き取らせる**	五段活用動詞。未然形に助動詞「せる」を付ける。
「飲む」を使役表現に。	**飲ませる**	五段活用動詞。未然形に助動詞「せる」を付ける。
「飲む」を可能表現に。	**飲める**	五段活用動詞。可能動詞「飲める」を使う。
「泳ぐ」を可能表現に。	**泳げる**	五段活用動詞。可能動詞「泳げる」を使う。
「下りる」を可能表現に。	**下りられる**	上一段活用動詞。未然形に助動詞「られる」を付ける。
「下ろす」を使役かつ受身表現に。	**下ろさせられる**	五段活用動詞。未然形に助動詞「せる」を付ける。
「加える」を可能表現に。	**加えられる**	下一段活用動詞。未然形に助動詞「られる」を付ける。
「回す」を使役表現に。	**回させる**	五段活用動詞。未然形に助動詞「せる」を付ける。
「壊す」を可能表現に。	**壊せる**	五段活用動詞。可能動詞「壊せる」を使う。
「改める」を可能表現に。	**改められる**	下一段活用動詞。未然形に助動詞「られる」を付ける。
「開ける」を可能表現で、打ち消しに。	**開けられない**	下一段活用動詞。未然形に助動詞「られる」、その未然形に「ない」を付ける。

「覚えている」を可能表現に。	覚えていられる	「いる」は上一段活用動詞。未然形に助動詞「られる」を付ける。
「覚める」を使役表現に。	覚まさせる	他動詞「覚ます」と同じ形になる。
「学ぶ」を使役表現に。	学ばせる	五段活用動詞。未然形に助動詞「せる」を付ける。
「学ぶ」を可能表現に。	学べる	五段活用動詞。可能動詞「学べる」を使う。
「来る」を可能表現に。	来られる	カ変活用動詞。未然形に助動詞「られる」を付ける。
「帰ってくる」を可能表現に。	帰ってこられる	カ変活用動詞。未然形に助動詞「られる」を付ける。
「起きる」を可能表現で打ち消しに。	起きられない	上一段活用動詞。未然形に助動詞「られる」、その未然形に「ない」を付ける。
「虐げる」を受身表現に。	虐げられる	下一段活用動詞。未然形に助動詞「られる」を付ける。
「休む」を使役表現に。	休ませる	五段活用動詞。未然形に助動詞「せる」を付ける。
「急ぐ」を使役表現に。	急がせる	五段活用動詞。未然形に助動詞「せる」を付ける。
「驚かす」を受身表現に。	驚かされる	五段活用動詞。未然形に助動詞「れる」を付ける。
「曲げる」を可能表現で、打ち消しに。	曲げられない	下一段活用動詞。未然形に助動詞「られる」、その未然形に「ない」を付ける。

「継ぐ」を使役表現に。	**継がせる**	五段活用動詞。未然形に助動詞「せる」を付ける。
「見る」を可能表現に。	**見られる**	上一段活用動詞。未然形に助動詞「られる」を付ける。
「見る」を可能表現に。【自動詞を使って】	**見える**	「見る」に対応する自動詞は「見える」。可能の意味で使われる。
「見る」を使役表現に。	**見させる**	上一段活用動詞。未然形に助動詞「せる」を付ける。「見せる」も可。
「見せる」を使役表現に。	**見せる**	他動詞「見せる」の連用形。使役表現にも使われる。
「減らす」を使役表現に。	**減らさせる**	五段活用動詞。未然形に助動詞「せる」を付ける。
「減る」を使役表現に。	**減らせる**	自動詞の五段活用動詞。未然形に助動詞「せる」を付ける。
「言う」を可能表現で、打ち消しに。	**言えない**	五段活用動詞。可能動詞「言える」を使う。
「言う」を使役表現に。	**言わせる**	五段活用動詞。未然形に助動詞「せる」を付ける。
「考える」を使役表現に。	**考えさせる**	下一段活用動詞。未然形に助動詞「させる」を付ける。
「考える」を可能表現で、打ち消しに。	**考えられない**	下一段活用動詞。未然形に助動詞「られる」、その未然形に「ない」を付ける。
「行く」を使役表現に。	**行かせる**	五段活用動詞。未然形に助動詞「せる」を付ける。

「行く」を可能表現に。	**行ける**	五段活用動詞。可能動詞「行ける」を使う。
「作る」を使役表現に。	**作らせる**	五段活用動詞。未然形に助動詞「せる」を付ける。
「伺う」を使役表現に。	**伺わせる**	五段活用動詞。未然形に助動詞「せる」を付ける。
「使う」を可能表現に。	**使える**	五段活用動詞。可能動詞「使える」を使う。
「始める」を可能表現に。	**始められる**	下一段活用動詞。未然形に助動詞「られる」を付ける。
「止まる」を可能表現で、打ち消しに。	**止まれない**	五段活用動詞。可能動詞「止まれる」の未然形に助動詞「ない」を付ける。
「持つ」を使役表現に。	**持たせる**	五段活用動詞。未然形に助動詞「せる」を付ける。
「持ってくる」を可能表現に。	**持ってこられる**	カ変活用動詞。未然形に「られる」を付ける。
「捨てる」を可能表現で、打ち消しに。	**捨てられない**	下一段活用動詞。未然形に助動詞「られる」、その未然形に「ない」を付ける。
「借りる」を可能表現に。	**借りられる**	上一段活用動詞。未然形に助動詞「られる」を付ける。
「取る」を可能表現に。	**取れる**	五段活用動詞。可能動詞「取れる」を使う。
「蹴《け》る」を可能表現に。	**蹴れる**	五段活用動詞。可能動詞「蹴れる」を使う。

「集める」を可能表現で、打ち消しに。	**集められない**	下一段活用動詞。未然形に助動詞「られる」、その未然形に「ない」を付ける。
「出る」を使役表現に。	**出させる**	下一段活用動詞。未然形に助動詞「させる」を付ける。
「出る」を可能表現に。	**出られる**	下一段活用動詞。未然形に「られる」を付ける。
「書く」を使役表現に。	**書かせる**	五段活用動詞。未然形に助動詞「せる」を付ける。
「書く」を可能表現に。	**書ける**	五段活用動詞。可能動詞「書ける」を使う。
「勝つ」を使役表現に。	**勝たせる**	五段活用動詞。未然形に助動詞「せる」を付ける。
「承る」を可能表現に。	**承れる**	五段活用動詞。可能動詞「承れる」を使う。
「消える」を使役表現に。	**消えさせる**	下一段活用動詞。未然形に助動詞「させる」を付ける。
「食べさせる」を可能表現に。	**食べさせられる**	下一段活用動詞。未然形に助動詞「られる」を付ける。
「食べる」を使役表現に。	**食べさせる**	下一段活用動詞。未然形に助動詞「させる」を付ける。
「食べる」を可能表現に。	**食べられる**	下一段活用動詞。未然形に助動詞「られる」を付ける。
「信じる」を可能表現に。	**信じられる**	上一段活用動詞。未然形に助動詞「られる」を付ける。

「寝る」を可能表現に。	**寝られる**	下一段活用動詞。未然形に助動詞「られる」を付ける。
「振り返る」を可能表現に。	**振り返れる**	五段活用動詞。可能動詞「振り返れる」を使う。
「進む」を可能表現で、打ち消しに。	**進めない**	五段活用動詞。可能動詞「進める」の未然形に助動詞「ない」を付ける。
「進める」を可能表現で、打ち消しに。	**進められない**	下一段活用動詞。未然形に助動詞「られる」、その未然形に「ない」を付ける。
「生きる」を可能表現に。	**生きられる**	上一段活用動詞。未然形に助動詞「られる」を付ける。
「走らせる」を可能表現に。	**走らせられる**	下一段活用動詞。未然形に助動詞「られる」を付ける。
「走る」を使役表現に。	**走らせる**	五段活用動詞。未然形に助動詞「せる」を付ける。
「走る」を可能表現に。	**走れる**	五段活用動詞なので、可能動詞「走れる」を使う。
「続ける」を可能表現に。	**続けられる**	下一段活用動詞。未然形に助動詞「られる」を付ける。
「待つ」を使役表現に。	**待たせる**	五段活用動詞。未然形に助動詞「せる」を付ける。
「着る」を使役表現に。	**着させる**	上一段活用動詞。未然形に助動詞「させる」を付ける。
「着る」を可能表現に。	**着られる**	上一段活用動詞。未然形に助動詞「られる」を付ける。

問題	答え	解説
「眺める」を可能表現に。	**眺められる**	下一段活用動詞。未然形に助動詞「られる」を付ける。
「跳ぶ」を使役表現に。	**跳ばせる**	五段活用動詞。未然形に助動詞「せる」を付ける。
「直す」を使役表現に。	**直させる**	五段活用動詞。未然形に助動詞「せる」を付ける。
「通る」を可能表現で、打ち消しに。	**通れない**	五段活用動詞。可能動詞「通れる」の未然形に助動詞「ない」を付ける。
「登る」を可能表現に。	**登れる**	五段活用動詞。可能動詞「登れる」を使う。
「投げる」を使役表現に。	**投げさせる**	下一段活用動詞。未然形に助動詞「させる」を付ける。
「投げる」を可能表現に。	**投げられる**	下一段活用動詞。未然形に助動詞「られる」を付ける。
「読む」を使役表現に。	**読ませる**	五段活用動詞。未然形に助動詞「せる」を付ける。
「読む」を可能表現に。	**読める**	五段活用動詞。可能動詞「読める」を使う。
「入《い》れる」を可能表現に。	**入れられる**	下一段活用動詞。未然形に助動詞「られる」を付ける。
「入《はい》る」を可能表現に。	**入れる**	五段活用動詞。可能動詞「入れる」を使う。
「任せる」を使役表現に。	**任せる**	下一段活用動詞だが、「任せる」には使役の意味がある。

「破る」を受身表現に。	**破られる**	五段活用動詞。未然形に「れる」を付ける。
「破る」を可能表現に。	**破れる**	五段活用動詞。可能動詞「破れる」を使う。
「買う」を使役表現に。	**買わせる**	五段活用動詞。未然形に助動詞「せる」を付ける。
「飛ぶ」を可能表現に。	**飛べる**	五段活用動詞。可能動詞「飛べる」を使う。
「付ける」を使役表現に。	**付けさせる**	下一段活用動詞。未然形に助動詞「させる」を付ける。
「聞く」を使役表現に。	**聞かせる**	五段活用動詞。未然形に助動詞「せる」を付ける。
「閉める」を使役表現に。	**閉めさせる**	下一段活用動詞。未然形に助動詞「させる」を付ける。
「変える」を可能表現で、打ち消しに。	**変えられない**	下一段活用動詞。未然形に助動詞「られる」、その未然形に「ない」を付ける。
「片付ける」を可能表現に。	**片付けられる**	下一段活用動詞。未然形に助動詞「られる」を付ける。
「歩く」を可能表現に。	**歩ける**	五段活用動詞。可能動詞「歩ける」を使う。
「忘れる」を使役表現で、受身の形に。	**忘れさせられる**	下一段活用動詞。未然形に助動詞「させる」と「られる」を続ける。
「話す」を使役表現に。	**話させる**	五段活用動詞。未然形に助動詞「せる」を付ける。

【参考文献】

『現代国語例解辞典　第四版』（小学館）
『岩波ことわざ辞典』（岩波書店）
『例解慣用句辞典』（創拓社出版）
『日本語慣用句辞典』（東京堂出版）
『例解同訓異字用法辞典』（東京堂出版）
『現代形容詞用法辞典』（東京堂出版）
『現代副詞用法辞典』（東京堂出版）
『活用自在反対語対照語辞典』（柏書房）
『大辞林　第三版』（三省堂）
『広辞苑　第五版』（岩波書店）
『大辞泉』（小学館）
『新明解国語辞典　第六版』（三省堂）
『新漢語林』（大修館書店）
『大字源』（角川書店）
『新字源』（角川書店）
『旺文社漢字典　第二版』（旺文社）
『全訳漢辞海　第二版』（三省堂）
『学研漢和大字典』（学習研究社）
『敬語の指針』（文化審議会答申　平成十九年二月）
『日本語検定公式　一～六級　過去・練習問題集』（東京書籍）
『日本語検定　一～六級　検定問題』（日本語検定委員会）

日本語検定《にほんごけんてい》 必勝単語帳《ひっしょうたんごちょう》 入門編《にゅうもんへん》

2008年 8月5日 第1刷発行
2022年 7月4日 第10刷発行

編著者	東京書籍編集部《とうきょうしょせきへんしゅうぶ》
監修者	川本信幹《かわもとのぶよし》
発行者	渡辺能理夫
発行所	東京書籍株式会社 〒114-8524 東京都北区堀船2-17-1 電話 03-5390-7531（営業） 03-5390-7526（編集） URL https://www.tokyo-shoseki.co.jp
印刷・製本	株式会社リーブルテック

乱丁・落丁の場合はお取り替えいたします。
定価はカバーに表示してあります。

ISBN 978-4-487-80287-6 C0081